VILLA MEDICI

Ein Italiener in Münster

Yvonne Purucker | Philip Haarmann

Mit Fotografien von Andreas Löchte und
Rezepten von Carmelo Caputo und Daniel Wobbe

mmm
münstermitte
medienverlag

VORSPEISENTELLER *„Villa Medici"*

Villa Medici

VORWORT

Mit der Villa Medici verbindet uns neben der Leidenschaft für gutes Essen auch ein persönliches Detail: Denn unsere erste gemeinsame Wohnung lag zwei Etagen über den Gasträumen an der Ostmarkstraße, und durch den kleinen Wintergarten zum Innenhof zogen bei geöffnetem Fenster ab und an verheißungsvolle Düfte... Im Treppenhaus kam es manchmal zu kurzen Begegnungen mit Carmelo Caputo, dem Patron der Villa, wenn Warenlieferungen durch den Hausflur getragen wurden. Als Berufsstarter konnten wir uns damals allerdings nur ein Mal einen schicken Abend bei unseren „Nachbarn" gönnen – ein Erlebnis, das uns nachdrücklich in Erinnerung geblieben ist – und waren erst später regelmäßiger in der Villa zu Gast.

Bei der Arbeit an diesem Buch durften wir nun, rund 15 Jahren später, intensiv Bekanntschaft mit Carmelo Caputo, seiner Frau Jutta und seinem großartigen Küchenteam schließen – und hoffen, dass dieses Buch zum Ausdruck bringt, was uns bei allen Zusammentreffen aufs Neue fasziniert hat: Neben dem bedingungslosen Perfektionismus in Service und Küche ist das auch der Aufstieg der Villa Medici zum „besten Italiener in Nordrhein-Westfalen", in der sich Begabung, Fleiß und ein wenig Glück zu einer fast märchenhaften Geschichte verweben. Und wir sind gespannt darauf, wie sie weitergeht.

Unser Dank gilt Jutta und Carmelo Caputo für ihre Offenheit, ihr Vertrauen und die hochprozentige Bekanntschaft mit „Gocce Imperiali", Daniel Wobbe und seiner Crew für immensen Einsatz und gutgelaunte Überstunden sowie Andreas Löchte und Michael Mücke für kongeniale Fotografie und Bildbearbeitung.

Yvonne Purucker & Philip Haarmann

Inhaltsverzeichnis

VILLA

MEDICI

CARMELO CAPUTO:
Morbegno, Wangerooge, Münster

Ein riesiger Gemüsegarten, in dem alles wuchs, was sich denken lässt, dazu Kaninchen, Hühner, ein Truthahn und Forellen aus dem Bach: Bei Familie Caputo war das Geld zwar knapp, doch dank Selbstversorgung und ihrer Kochkünste wusste Mamma Maria immer ein gutes Essen auf den großen Tisch zu zaubern. „Daher weiß ich, was ein frisches Produkt ist, wie es zubereitet werden und schmecken muss", erzählt Carmelo Caputo, der „Padrone" der Villa Medici.

Caputo stammt aus bescheidenen Verhältnissen: Sein Vater war Hirte gewesen auf Sizilien, seine Mutter hatte schon mit acht Jahren als Waise und einziges Mädchen die Schule verlassen und die Haushaltsführung für ihre Brüder übernehmen müssen. Im Norden erhoffte sich das junge Ehepaar eine bessere Zukunft, und so zogen die Caputos 1958 mit ihren beiden Ältesten Salvatore und Carlo von der Spitze des italienischen Stiefels zu dessen Schaft: Im Alpendorf Morbegno, knapp 20 km vom Comer See entfernt, versprach der Tunnelbau sichere, aber harte Arbeit.

Und tatsächlich wurden die wirtschaftlichen Verhältnisse hier besser, wenn auch nicht rosig: Nachdem 1960 Carmelo Caputo und ein Jahr später seine Schwester Lucia zur Welt gekommen waren, hatten Guiseppe und Maria Caputo schließlich eine sechsköpfige Familie zu versorgen.

Doch weil die Caputos in dieser Zeit gemeinschaftlich einen großen Gemüsegarten für eine wohlhabende Nachbarin bestellten und dafür die Hälfte der Ernte bekamen, hatte die Familie stets ihr Auskommen.

Maria Caputo wusste aus den frischen Zutaten und hausgemachten Nudeln und selbst gebackenem Brot das Beste zu machen. So war die kleine Küche in Morbegno stets der zentrale Ort des Geschehens, und der kleine „Melo" verbrachte hier viele Stunden: „Meine Mutter hat mich schon sehr verwöhnt, deshalb durfte ich nicht an die Kochtöpfe – aber zuschauen, Gemüse ernten und putzen, und immer wieder besondere Leckereien naschen", erzählt Caputo. Kein Wunder, dass er Kochen und Essen von klein auf als sinnliche Angelegenheit begriff: „Sie ließ mich hauchdünn geschnittenes Rouladenfleisch mit einer Prise Salz probieren, ich kostete Hirn und Knochenmark und finde bis heute, dass man manche Dinge einfach mit den Händen essen muss..."

Als in Morbegno der erste „supermercato" aufmachte, war Carmelo Caputo beseelt davon, später selbst ein solches Geschäft zu führen – um seine Familie reichlich mit den spannenden Lebensmitteln zu versorgen, die er dort entdeckte und am liebsten alle gekauft hätte. „Tiefkühlerbsen etwa, die haben mich wirklich begeistert – so etwas war damals in Italien noch völlig unbekannt." Als Caputo ein paar Jahre später mit guten Noten die Schule abschloss, entschied er sich aber doch anders: Wie sein Bruder Carlo vor ihm wollte er die Hotelfachschule besuchen – der Tourismus war schließlich eine der stärksten Branchen in der Region und entsprechend attraktiv für viele junge Italiener.

Weil an finanzielle Unterstützung durch die Eltern nicht zu denken war, begann Carmelo Caputo schon mit 14 im Zementwerk zu arbeiten, um sich das Schulgeld zu verdienen. „Ich weiß noch genau, wie ich mit meinem Vater in einer ganz langen Schlange stand, um meine erste Lohntüte abzuholen."

Als er den nötigen Betrag für die Aufnahme beiseite gelegt hatte, konnte die Ausbildung zum Hotelkaufmann beginnen. Drei Jahre lang führte ihn die Ausbildung in Theorie und Praxis durch sämtliche Bereiche der Hotellerie und Gastronomie – vom Empfang bis in die Spülküche. Doch am besten gefiel ihm: das Kochen.

Auch Deutsch, Französisch und Englisch hatte der junge Caputo auf der Hotelfachschule gelernt: Und als es daran ging, das Leben nach dem Abschluss zu planen, beschloss er, diese drei Länder zu bereisen, um dort zu arbeiten und seine Sprachkenntnisse zu vertiefen. Den ersten Job bekam der 17-Jährige als Saisonkellner auf Wangerooge. Ein echter Kulturschock: Schließlich hatte er sich Deutschland als reiches Industrieland voller Hochhäuser vorgestellt – doch auf der Insel gab es noch nicht mal Autos. „Die Dünenlandschaft habe ich zuerst für Bombentrichter aus dem 2. Weltkrieg gehalten... Aber nach kurzer Zeit hat mich diese karge Insellandschaft begeistert – ich liebe die Nordsee, bis heute."

Schnell wurde Carmelo Caputo eine Anschlussstelle angeboten. Und da es ihm in Deutschland gefiel, verpflichtete er sich kurzerhand, für acht Jahre hier zu bleiben – auch, weil sich so der Militärdienst umgehen ließ, der ihn bei seiner Rückkehr nach Italien erwartet hätte. In den Folgejahren arbeitete er in Bremen, Viersen, nochmals auf Wangerooge und kurze Zeit in Düsseldorf, zusammen mit seinem Bruder Carlo, der dort heimisch geworden war. Gemeinsam fassten sie den Entschluss, ein Restaurant in Krefeld zu eröffnen. Das lief auch ganz gut, weshalb beide kurze Zeit später in Iserlohn ein zweites aufmachten. „Und da haben wir dann prompt Schiffbruch erlitten. Zu jung, zu unerfahren, zu wenig Kapital."

„IM SÜDEN HAT ESSEN immer einen sehr hohen Stellenwert, *egal, in welcher Liga Du Dich finanziell bewegst.*"

„Meine Mamma
HAT MICH SCHON
sehr verwöhnt."

Mit diesem Dämpfer im Gepäck zog Carmelo Caputo nach Unna. Dort hörte er von einer freien Stelle im Stevertal bei Nottuln, bewarb sich – und kam bei dieser Gelegenheit das erste Mal nach Münster.

„Es war ein Sommertag 1982 mit strahlendem Sonnenschein, und ich saß den ganzen Nachmittag wie verzaubert auf dem Prinzipalmarkt. Diese Bögen, die alten Gebäude und Kirchen – all das hat mich an zu Hause erinnert, an die italienischen Piazze. Das kannte ich natürlich aus Krefeld und Iserlohn nicht, und es hat mich begeistert. Ich habe mich sofort in die Stadt verliebt und gedacht: Mensch, hier würdest du gern leben wollen..." Und schon wenige Jahre später sollte er aus diesem Traum Wirklichkeit machen.

---

1) Carmelo Caputos Eltern Guiseppe und Maria mit ihrer Hochzeitsgesellschaft 1950 auf Sizilien.

2) 1962 war die Familie schon in Morbegno: Papa Caputo präsentiert stolz seinen etwa eineinhalbjährigen Sohn Carmelo.

3) Kurz vor der Abreise nach Deutschland: Carmelo Caputo mit seiner Mutter auf dem Bahnhof von Morbegno.

4) „...und dort gab es noch nicht mal Autos": Carmelo Caputo auf Wangerooge, seiner ersten Station in Deutschland.

1987:

Die ersten Tage der Villa Medici

Mit der Verwandlung der Eckkneipe „Hopfen und Malz" in die „Villa Medici", Münsters erstes italienisches Ristorante, sprangen Carmelo Caputo und sein Kompagnon Andrea Fontolan 1987 ins kalte Wasser: „Ideen im Kopf, aber keine Mittel". Und Geld war längst nicht das Einzige, was anfangs nicht fließen wollte...

Am Namen für das neue Restaurant gab es von Anfang an nichts zu rütteln: „Villa Medici" sollte es heißen, als Hommage an Caterina de Medici. Die Prinzessin von Urbino wurde nach der Heirat mit Heinrich V. Königin von Frankreich und gilt als die Mutter der französischen Kochkunst. Denn nach der Übersiedlung zu ihrem Gemahl musste sie feststellen, dass das französische Essen ganz und gar nicht königlich schmeckte: Deshalb ließ sie kurzerhand Köche aus ihrer toskanischen Heimat nachkommen, die den Hof mit ihrer durch Olivenöl, Kräuter, Gewürze, Essige und schmackhafte Fleisch- und Wurstwaren verfeinerten Küche in Verzückung versetzten... „Unseren Gästen so ein Aha-Erlebnis zu bereiten, das war unser Ziel – und wir haben uns sehr gefreut, dass die Fassade an der Ostmarkstraße auch ein bisschen an eine Villa erinnerte."

Das Startkapital hatte sich Caputo in Sechs-Tage-Wochen als Kellner und mit Kochkursen im Italienschen Zentrum in Münster zusammengespart – denn er wollte selbständig sein: „Seine Zukunft muss man in die eigenen Hände nehmen, so ticke ich." Das „Hopfen und Malz" an der Ostmarkstraße kannte er vom Feierabend-Bierchen – die Eckkneipe war gerade groß genug für Billardtisch, Spielautomaten, Theke und ein paar Tische. Nun erfuhr er, dass sie neu verpachtet werden sollte. Caputo fackelte nicht lange: Er maß alles aus und vermutete, als Restaurant sollte es für elf, zwölf Tische reichen. Immerhin. Große Veränderungen waren mangels Kapital erstmal nicht drin, ebenso wenig wie eine professionelle Küchenausstattung: „Wir übernahmen das, was da war, und den Rest brachten wir von zu Hause mit – Alupfannen, die nach zwei Wochen kaputt gingen, Durchschläge aus Plastik... Wir haben wirklich sehr, sehr einfach angefangen." Mit Elan werkelten Caputo und Fontolan in Gastraum und Küche, probten die Rezepte einer „reellen, sauberen italienischen Küche" und fieberten dem Eröffnungstag entgegen...

Als er kam, war die neue Villa Medici brechend voll. Um den Ansturm zu bewältigen, mussten alle Küchengeräte gleichzeitig angeworfen werden – eine Last, unter der das betagte Stromnetz sofort und unwiderruflich zusammenbrach. „Eine Katastrophe! Wir hatten zwar fünf funktionierende Gaskochfelder, aber keinen Strom. In der ganzen Küche war es stockfinster, und wir haben überall Kerzen aufgestellt, um sehen zu können, was wir da gerade zusammenschnippeln und ob das Nudelwasser schon kocht. Klappte natürlich nicht."

So blieb den beiden Betreibern nichts anderes übrig, als die erwartungsvollen Gäste wieder nach Hause zu schicken. Hungrig. Auch die beiden nächsten Tage waren von Pleiten und Pannen geprägt – so lange dauerte es, bis eine Lösung für das Stromproblem gefunden war. Carmelo Caputo verbrachte einige schlaflose Nächte, bis endlich die ersten Einnahmen in der Kasse lagen: „Wie kleine Kinder standen wir da und haben das Geld gezählt – für damalige Verhältnisse war das toll."

Als erstes italienisches Lokal in Münster kultivierte die Villa Medici die klassische italienische Menüfolge: Die hausgemachten Nudeln wurden als „Primo Piatto" serviert, als erster Hauptgang, dem üblicherweise noch ein Fleisch- oder Fischgang als

„Die ersten Tage der VILLA MEDICI waren eine einzige Katastrophe."

ANZEIGE

Heute um 18 Uhr eröffnen Carmelo Caputo und Fontolan Andrea ihr „Ristorante Villa Medici" an der Ostmarktstraße 15 in Münster. Mit einem Angebot, dessen Schwerpunkt auf frischen Fisch- und hausgemachten Nudelgerichten liegt, wollen die Inhaber sich von der sonst üblichen italienischen Küche abheben. Neben exquisiten Speisen und Getränken sollen in dem neuen Restaurant regelmäßig Vernissagen des Künstlers Nicola Russo geboten werden.

Ristorante
Villa Medici
44 Münster, Ostmarkstr. 15, Tel. 3 42 18
Eine neue Adresse für Liebhaber der italienischen Küche
Im Ausschank: pils 2000

„Secondo Piatto" folgt. Entsprechend übersichtlich waren die Nudelportionen, und Pizza gab es gleich gar nicht. Auch preislich war die Küche ungewohnt für das Münsteraner Publikum – weshalb nicht wenige das Restaurant nach einem Blick auf die Karte wieder verließen. Carmelo Caputo ließ sich dennoch nicht entmutigen: „Ich kannte solche Restaurants aus Düsseldorf und dachte, Mensch, so etwas fehlt noch in Münster: ein Restaurant, in dem die Qualität im Vordergrund steht und die Speisen nicht alle in Sahnesaucen ertränkt werden."

Und mit der Zeit erfüllte sich Caputos Hoffnung: Als die anfängliche Schwellenangst des Publikums einmal überwunden war, nahm Münsters erstes echtes „Ristorante" zügig Fahrt auf. Die Gäste waren begeistert, empfahlen die Villa Medici weiter oder fragten nach „Party-Service": Auch dieser Aufgabe stellten sich die beiden Jungunternehmer unerschrocken und mit bewährtem Improvisationstalent. So fuhren Caputo und Fontolan beim ersten Außer-Haus-Einsatz in Telgte in altem Golf und altem Renault vor, das Buffet auf mit Alufolie kaschierten Türblättern an Bord – „und mit diesen beiden Rostlauben parkten wir da vor einem wirklich herrschaftlichen Anwesen... das muss man sich mal vorstellen! Da wird mir heute noch ganz anders", sagt Caputo in der Rückschau.

Mit der guten Resonanz kehrte in der winzigen Küche der Villa Medici nun der Alltag ein – und der war anstrengend. Denn so wegweisend die italienische Genusskultur an der Ostmarkstraße war, so anspruchsvoll war es auch, sie zu realisieren: Ende der 1980er war schließlich vieles, was heute zum Standardprogramm jedes Großhändlers gehört, nur mit großem Aufwand zu besorgen.

MZ SCHAUFENSTER

Hausgemachtes in der Villa Medici

AWI. Münster. Die gehobene italienische Küche hält in der „Villa Medici" Einzug. Mit einer ausgefallenen Speisekarte wollen Andrea Fontolan und Carmelo Caputo die Münsteraner auf der Ostmarkstraße erfreuen. „Unsere Gerichte werden von der Saison beeinflußt, schließlich soll alles frisch auf den Tisch kommen", erzählt Koch Caputo. Fischspezialitäten sowie hausgemachte Nudeln sind die Eckpfeiler des Restaurants mit der besonderen Note.

Die beiden Absolventen der Hotelfachschule legen großen Wert auf das Ambiente. Die Einrichtung ist schlicht, dennoch geschmackvoll. Gardinen aus handgemalter Seide schmücken das Restaurant. Der Name „Villa Medici" wurde nicht ohne Grund gewählt: Katharina von Medici war es, die erstmals die italienische Küche über die Landesgrenzen bekannt gemacht hat. Bei Lammrücken mit frischen Kräutern, Hummerkrabben mit Parmaschinken eingewickelt oder pochierter Lachsforellen sollen sich die Gäste beim Essen Zeit lassen. Qualitätsweine direkt vom Abfüller runden das Angebot ab.

Schon die Salatauswahl erschöpfte sich meist in Kopf- und Eisbergsalat, und heute so alltägliche Zutaten wie Kirschtomaten galten damals noch als exotisch. Frische Kräuter jenseits von Schnittlauch und Petersilie? Parmigiano? Balsamico? Loup de mer, Pulpo, Muscheln? Fehlanzeige. Und so begannen viele Arbeitstage schon im Morgengrauen, wenn die Signori Caputo und Fontolan sich schlaftrunken auf den Weg nach Krefeld oder Mülheim machten, um dort Zutaten wie Rosmarin und Wildlachs, Frisée und Wachteln einzukaufen.

Direkt nach der Rückkehr ging es für Carmelo Caputo dann frühmorgens schon ab in die Küche: Schließlich mussten täglich bis zu 90 Portionen über den Pass gehen, und anders ließ sich dieses Pensum kaum bewältigen. Wenn sein Beikoch gegen 2 Uhr nachts Feierabend machte, folgten für Caputo oft noch zwei Stunden „Nudelschicht": Die handgemachte Pasta mit Varianten wie den legendären schwarzen Nudelbonbons entwickelte sich zum Bestseller der Villa, und entsprechend hoch war der Durchsatz. Andrea Fontolan kümmerte sich derweil um Weine und Service, unterstützt von studentischen Aushilfen – mit lockerem, unkompliziertem Stil, der ankam.

„ICH WAR SICHER:
so ein Restaurant fehlt noch
in Münster."

1) Caputo und Fontolan als stolze Restaurantbesitzer kurz nach der Eröffnung der Villa Medici.

2) Eröffnungsanzeige der Villa.

3) Redaktionelle Meldung der Münsterschen Zeitung.

4) Tür und Leuchten zeugen noch von der Vergangenheit als Studentenkneipe – aber der nagelneue Neonschriftzug leuchtet entschlossen in die Zukunft.

16 STUNDEN-TAGE:

Von Punkten, Stühlen und einem Minister

Es lief also, und es lief richtig gut. Dennoch forderten die 16-Stunden-Tage in beengten Verhältnissen und unter Hochdruck ihren Tribut. Egal: Carmelo Caputo lud sich noch mehr Arbeit auf – und stielte schon 1989 seine erste, kleine Expansion ein.

Der Weihnachtsmarkt am Lamberti-Kirchplatz solle vergrößert werden, und es bestehe Bedarf an gastronomischen Angeboten… ob Carmelo Caputo nicht vielleicht Interesse hätte? Hatte er – also unterschrieb Caputo den Kontrakt, investierte in zwei Riesenpfannen und trat zum Adventskochen an. „Am Anfang wollte ich es besonders raffiniert machen und habe Polenta mit Orangensoße angeboten. Ein totaler Flop – es wusste ja kein Mensch, was das war." Erst mit „Milchreis alla Italiana" kam der Dessert-Durchbruch: Nach dem schlotzigen Avorio-Reis leckten sich die Leute die Finger; manche nahmen ihn sogar in großen Tupperschüsseln mit nach Hause.

Den Weihnachtsmarkt-Stand betrieb Carmelo Caputo schon ohne seinen Partner Andrea Fontolan. Denn es zeigte sich, dass die Ansichten der beiden mit der Zeit immer weiter auseinander gingen – weshalb es 1990 schließlich zur Trennung kam. Caputo überwand seine Abneigung gegen Kredite, übernahm die Villa und war fortan „zwar verschuldet – aber frei."

Da der Patron nun im Service gebraucht wurde, stieg der bisherige zweite Koch zum Küchenchef auf: Markus Potrafka. Der war 20, direkt aus der Lehre beim Roxeler „Bakenhof" in die Villa Medici gekommen und hatte mit der gehobenen italienischen Küche bis dahin keinerlei Berührung gehabt. Anders sein Chef, der zwar keine Kochausbildung, dafür aber Erfahrung, Leidenschaft und höchsten Anspruch mitbrachte. Obwohl Potrafka später verriet, dass er in den ersten Wochen kurz davor war, das Handtuch zu werfen, hielt er dem Druck stand – und vielleicht war es genau das, was aus der Verbindung der beiden Talente den Erfolg der Villa Medici schuf.

Deren kulinarische Facetten zogen mit der Zeit ein hochkarätiges Klientel an: Zu den Stammgästen aus der Lokalprominenz zählte Jürgen W. Möllemann, als Bundesminister unter Helmut Kohl ein begehrter Interviewpartner. Als die Feinschmecker-zeitschrift „essen & trinken" ihn um einen Gesprächstermin bat, lud der Minister kurzerhand in sein Münsteraner Lieblingslokal. Der achtseitige Beitrag, der daraufhin erschien, war voll des Lobes über die „Perle in der westfälischen Provinz", mit deren Empfehlung der Minister „gastronomische Klasse" bewiesen habe. „Nachdem dieser Artikel erschienen war, schoss die Villa Medici wie eine Rakete durch die Decke", erinnert sich Caputo, „plötzlich bekamen wir Anfragen aus ganz Deutschland."

Auch die einschlägigen Gourmetführer zogen nach: „Ich erinnere mich genau: Ich war in Köln, weil ich dort in einem Sterne-Restaurant essen wollte", erzählt Caputo, „und kurz vorher blätterte ich in einer Buchhandlung im gerade erschienenen Gault Millau. Als ich ‚Münster' aufschlage, steht da plötzlich: ‚Villa Medici – 13 Punkte'! Ich hab' mich gefreut wie Bolle."

Und so erfreulich ging es weiter: Innerhalb kürzester Zeit schaffte es die Villa Medici in alle wichtigen Gastroführer, ob Guide Michelin, Feinschmecker oder Schlemmeratlas. „Wir hatten gar nicht vorgehabt, uns solche Auszeichnungen zu erkochen – aber das gibt dir natürlich enormen Ansporn", sagt Caputo, „Trotzdem, man darf nie vergessen, wo man herkommt. Du freust dich über das Erreichte, hängst die Urkunde

pfeffer & salz INTERVIEW

Jürgen Möllemann, hier mit Ehefrau Carola und »e&t«-Autor Janos Bardi, bewies mit der Wahl des Treffpunkts für unseren Lokal-Termin kulinarische Klasse: Er fand eine Perle in der Provinz, nämlich die „Villa Medici" im westfälischen Münster, bisher weder von Gert v. Paczensky noch von den gängigen Restaurantführern entdeckt.

auf – und gibst Gas, um die nächste zu bekommen." (Eine Strategie, die bislang aufgegangen ist: Seit der ersten Erwähnung 1989 zählt die Villa Medici konstant zu den 20 besten italienischen Restaurants in Deutschland.)

Mit dem Erfolg wuchs auch das Interesse der regionalen Unternehmen an Tischen in der Villa. Doch da gab es ein Problem: Zwar schuf die Küche den richtigen Rahmen für wichtige Geschäftsessen – aber das Ambiente nicht. Denn das Restaurant atmete immer noch die rustikale Atmosphäre der Studentenkneipe, deren Mobiliar Caputo und Fontolan übernommen hatten. Über die Tische ließ sich Damastwäsche decken, doch die Kneipenstühle mit geschnitzter Rückenlehne blieben, was sie waren: alt und nicht eben passend.

Auf diesen Bruch in der Optik war der Patron durchaus schon angesprochen worden – und zwar von einem Gast der ersten Stunde, dem Designer Dieter Sieger. Der feierte mit seinen Entwürfen internationale Erfolge und residierte seit 1988 mit Firma und Familie im Schloss Harkotten. Schon bei einem seiner ersten Besuche hatte er zu Caputo, als der ihm zum Abschluss den Grappa servierte, gesagt: „Irgendwann, Herr Caputo, machen wir hier mal ein richtig schickes Restaurant draus."

Als Caputo Anfang der 1990er seinen Pachtvertrag für die Räume an der Ostmarkstraße verlängerte, erinnerte er sich an diesen Satz. Und, was mindestens ebenso wichtig war, Dieter Sieger erinnerte sich auch daran. „So wurde also aus einer buchstäblichen Schnapsidee die neue Villa Medici", resümiert Caputo. Es begann eine echte Tour de Force; innerhalb von nur drei Wochen „wurde die Villa von links auf rechts gekrempelt". Gastraum, Theke, Wände, WC, alles bekam neuen

„UND DANN STAND DA:
Villa Medici – 13 Punkte!!
*Ich hab' mich gefreut
wie Bolle…*"

> „*In einem Restaurant sind*
> DAS WICHTIGSTE
> die Stühle.“

Glanz – doch das Wichtigste in seinem Restaurant, befand Caputo, seien die Stühle: „Die geben dem Ganzen ein Gesicht." Als nach zahllosen Sitzproben und schier endloser Suche der perfekte Stuhl noch immer nicht gefunden war, beschloss Designer Dieter Sieger deshalb: „Dann entwerfen wir eben selbst einen."

Ein grandioser Schachzug: Denn die markanten Sitzmöbel prägten fortan tatsächlich das Gesicht des Restaurants, waren in einer Werkschau des Designers zu sehen und bescherten der Villa Medici eine Menge zusätzlicher Presseartikel. Inzwischen haben die guten Stücke mehrfach den Bezugsstoff gewechselt – doch sie sind eines der markantesten Merkmale der Villa in Münster geblieben.

---

1) „Raketenantrieb" für die Villa Medici: das Interview mit Jürgen W. Möllemann (aus: essen & trinken 11/1989, S. 83).

2) „Villa Medici – 13 Punkte": Grund zum Feiern für Markus Potrafka und Carmelo Caputo.

3) Die Villa vor ihrer Verwandlung (man achte auf die Stuhllehnen).

4) Der Prototyp des Medici-Stuhls, Exklusiv-Entwurf von Dieter Sieger.

IM NEUEN JAHRTAUSEND:

Frischer Wind und neue Ufer

Mit dem Abschluss der Verwandlung der Villa Medici war Caputo Inhaber eines vielfach ausgezeichneten Restaurants mit stilprägendem Interieur. An Gästen herrschte kein Mangel, die Chemie zwischen ihm und seinem Küchenchef Potrafka stimmte, und die Villa schaffte es auch in den Folgejahren, ihre guten Bewertungen in den Gourmetbibeln konstant zu halten. Zum ersten Mal glich Caputos Leben dem viel zitierten „langen, ruhigen Fluss", und auf ihm schipperte er zufrieden ins neue Jahrtausend... bis 2008 frischer Wind aufzog.

Der frische Wind hieß Jutta – und seit ihrer Hochzeit mit Carmelo Caputo in 2010 ist sie Signora Caputo: „Sie beflügelt mich", sagt Carmelo Caputo, „die Ideen zu realisieren, die ich schon lange im Kopf habe." Eine davon war es, eine zweite Gastronomie zu eröffnen, „eine Art Villa Medici light". Mitten in der Innenstadt sollte die liegen, urban eingerichtet, mit einer Küche, die mit kreativer Bandbreite vom feinen Snack über Kuchen und gute Weine bis zum kleinen Menü jeden Appetit befriedigen und – ganz wichtig – durchgehend von morgens bis nachts geöffnet sein sollte. „Wenn ich früher an meinem freien Tag durch die Stadt spaziert bin, habe ich mir so etwas oft gewünscht: einen Ort, an dem man auch zwischen 14 und 17 Uhr ganz nach Appetit etwas Feines essen und dazu einen guten Wein genießen kann.", erzählt Caputo.

Doch ob so etwas funktioniert, hängt sehr vom Standort ab, zumal Carmelo Caputo sich auch Außenplätze wünschte. Und die waren in Münsters Innenstadt lange Zeit Mangelware. Erst Mitte der 2000er Jahre kam mit dem städtebaulichen Projekt zwischen Rothenburg, Ludgeri- und Königsstraße Einiges in Bewegung. Und hier, nahe Münster Arkaden, Picassoplatz und -Museum, fand Carmelo Caputo schließlich hinter denkmalgeschützter Fassade an der Ecke zur Lütke Gasse genau die Fläche, die er sich erträumt hatte – mittendrin, mit schöner Atmosphäre und spannendem Ausblick, genug Raum für 110 Plätze und dem Picassoplatz als Terrassenfläche direkt nebenan.

Bei der Errichtung des „Caputo's" gab es von Anfang all das, was rund 20 Jahre zuvor bei der Eröffnung der Villa Medici gefehlt hatte: Architekten, Handwerker, ein sorgfältig entwickeltes Interieurkonzept und, natürlich, ein robustes Leitungsnetz für die bestens ausgestattete Küche. Trotzdem verlief auch der Start des „Caputo's" nicht ganz reibungslos: Erst musste die Eröffnung wegen baulicher Mängel um zwei Wochen verschoben werden, dann wechselte nach nur zehn Tagen der Restaurantleiter. Ungeachtet dieser anfänglichen Turbulenzen etablierte sich der 2009 eröffnete gastronomische Hotspot jedoch bestens – auch dank Küchenchef Robert Kloppenburg, der im „Caputo's" jahreszeitlich inspirierte, frische und unkomplizierte Küche serviert.

Der plötzliche Tod von Küchenchef Markus Potrafka am 23. Dezember 2011 markiert den wohl schwärzesten Tag in der Geschichte der Villa Medici. Geschockt schloss Caputo das Restaurant für eine Woche, um sich und dem Team Zeit zu geben, den Verlust zu verarbeiten und sich über die nächsten Schritte klar zu werden. Doch einen Küchenchef zu ersetzen, der das Restaurant in fast 25 Jahren mit seiner kreativen Handschrift geprägt und zu höchsten gastronomischen Weihen gekocht hat, ist eine große Herausforderung. Caputos Entscheidung für den damals erst 28jährigen Daniel Wobbe stellte sich jedoch

„VIELE FACETTEN,
EIN KONZEPT:
kreative italienische Küche,
frisch und phantasievoll."

schnell als Glücksgriff heraus: Dem jungen Küchenchef gelang der Balanceakt, einerseits nahtlos an die kulinarische Tradition der Villa Medici anzuknüpfen, ihren Stil aber andererseits weiter zu entwickeln und um frische Ideen und Nuancen zu bereichern. Die mit Spannung erwarteten ersten Bewertungen nach dem Wechsel bestätigten die Meinung, zu der Stammgäste schon vorher gekommen waren: Die Küche der Villa bleibt, was sie war – exzellent.

Das Catering für Firmen- und Privatfeste war für die Villa Medici immer schon ein wichtiger Geschäftszweig gewesen, doch erst 2012 professionalisierte Carmelo Caputo diesen Bereich endgültig: Die „gourmedici GmbH – GourmetCateringService" wurde als eigene Gesellschaft ausgegliedert. Gleichzeitig bot sich die Gelegenheit, einen Exklusivvertrag für das Catering im „Gut Havichhorst" zu schließen: Das aufwändig restaurierte Kleinod vor den Toren der Stadt bietet in münsterländischer Parkidylle eine der schönsten Locations für Feste und Tagungen – und mit „gourmedici", das in der Havichhorster Mühle angesiedelt ist, auch ein adäquates Catering. Hatte Caputo mit seinem Team bislang Veranstaltungen nur in der Villa oder vor Ort beim Auftraggeber ausrichten können, erschloss das „Gut Havichhorst" ihm nun auch große private und geschäftliche Festivitäten sowie das Tagungsgeschäft.

Überdies hat Carmelo Caputo inzwischen ein kleines Direktimport-Programm für italienische „Grundnahrungsmittel" aufgelegt: So kann man Espresso, Olivenöl und Weine, die in der Villa und im „Caputo's" angeboten werden, auch zu Hause genießen – und inzwischen beliefert Caputo auch Gastronomen in ganz Nordrhein-Westfalen mit den handverlesenen Spezialitäten.

Die vorerst letzte und größte Veränderung vollzieht sich 2014: Denn dann wird die Villa Medici nach über einem Vierteljahrhundert die Adresse wechseln. Vom Jugendstilbau an der Ostmarkstraße geht es nach Münster St. Mauritz: Mehr Platz wird es dort geben, auch für große Feste, eine romantische Veranda, vielleicht einen Mittagstisch und, für auswärtige Gourmetreisende, Boardingrooms im Obergeschoss. An den Grundsätzen aber, verspricht Carmelo Caputo, wird nicht gerüttelt: kreative italienische Küche, frisch und phantasievoll, serviert mit Stil und einem Lächeln. „Es gibt nur eine Villa Medici, und ich kann und will auch gar nichts anderes machen", sagt Caputo mit Nachdruck. Und das glaubt man ihm aufs Wort, dem Italiener in Münster.

„*Die Villa Medici* WIRD IMMER die Villa Medici bleiben – *egal, wo sie ist.*"

1) Münsterland vom Feinsten: Gut Havichhorst, Sitz des gourmedici GourmetCateringService, der auch Genusspartner für die Räumlichkeiten ist.

2) Hinter denkmalgeschützter Fassade liegt einladend das „Caputo's" am Picassoplatz.

3) Seit 2010 sind Carmelo und Jutta Caputo verheiratet.

4) Caputo über seine Stammgäste: „Viele sind Freunde geworden."

Berkel
PASTI

Confierter

Loup de mer

AUF ROH MARINIERTEN ARTISCHOCKEN *und Rucola*

Zutaten FÜR 4 PERSONEN

LOUP DE MER

4	Tranchen vom Loup de mer *à 40 g*
100 ml	Olivenöl
2 Zweige	Thymian
1 TL	Fenchelsamen
1 TL	weiße Pfefferkörner
1 TL	Koriandersamen
2	Lorbeerblätter
1 TL	Maldon Salz

ROH MARINIERTE ARTISCHOCKEN

4	Poivraden (kleine Artischocken)
30 ml	Olivenöl
15 ml	heller Balsamico-Essig
1 g	Salz
½ TL	brauner Zucker
¼ TL	Piment d'Espelette

RUCOLA

12	feine Rucolablätter
	Olivenöl
	Fleur de Sel

Zubereitung

LOUP DE MER

Alle Zutaten bis auf den Fisch in einen Topf geben, auf 70 Grad erhitzen und 10 Minuten ziehen lassen. Danach durch ein feines Sieb passieren. Die portionierten Loup de mer-Filets würzen und ca. 4 - 6 Minuten in der Öl-Kräutermarinade confieren.

ROH MARINIERTE ARTISCHOCKEN

Die äußeren Blätter entfernen und die Artischocken putzen. Alle restlichen Zutaten miteinander vermengen und unter ständigem Rühren kurz erwärmen. Die Artischocken auf einer Aufschnittmaschine oder mit einem sehr scharfen Messer in hauchdünne Scheiben schneiden und in der Marinade ziehen lassen.

RUCOLA

Die Rucolablätter waschen und schleudern. Mit Olivenöl und Fleur de Sel würzen.

Geräucherte Fjordforelle

auf geschmolzener Kalbsterrine

MIT KRÄUTERSEITLINGEN

Zutaten

FÜR 4 PERSONEN

FJORDFORELLE UND BEIZE

- 400 g Fjordforellen-Filet, *frisch pariert*
- 240 g Meersalz
- 120 g brauner Zucker
- 7 g schwarzer Pfeffer
- 6 g Senfkörner
- 1 Gewürznelke
- 6 g Pimentkörner
- 7 g Thymian
- 9 g Fenchelsamen
- 2 Lorbeerblätter
- 6 g Wacholderbeeren
- 5 g Sternanis
- 8 g Korianderkörner
- Abrieb von 1 Limette
- Abrieb von 1 Orange
- Abrieb von 1 Zitrone

- 120 g Buchenräuchermehl

GESCHMOLZENE KALBSTERRINE

- 1 Kalbsmaske
- 1 Kalbstafelspitz, *ca. 1 kg*
- 2 l brauner Kalbsfond (siehe Seite 150)
- 200 g Mirepoix (Zwiebeln, Sellerie, Möhren, Champignons, Petersilienwurzel)
- 1 Zweig Thymian
- 2 Zweige Rosmarin
- 2 Lorbeerblätter
- 8 schwarze Pfefferkörner
- 4 Wacholderbeeren
- 3 Pimentkörner
- 2 Gewürznelken
- 150 ml dunkler Balsamico-Essig
- 3 EL Pommerysenf
- Piment d'Espelette
- Fleur de Sel

KRÄUTERSEITLINGE

- 100 g Kräuterseitlinge
- 20 g geklärte Butter (siehe Seite 149)
- 2 Schalotten
- 1 Knoblauchzehe
- etwas Chilischote, *entkernt*
- Salz und schwarzer Pfeffer aus der Mühle

Zubereitung

FJORDFORELLE UND BEIZE

Alle Zutaten bis auf den Abrieb im Thermo-Mixer fein mahlen. Die Fjordforellen-Filets auf ein Blech legen und die Beize darüber verteilen. Den Abrieb darüber streuen und ca. 2,5 Stunden in der Beize kalt stellen. Die Fjordforellen-Filets aus der Beize nehmen, kalt abspülen und trocken tupfen.

Zum Räuchern am besten einen großen Topf mit Siebeinsatz, z.B. einen Dämpftopf, verwenden. Das Räuchermehl in den Topf geben. Die Fjordforellen-Filets auf den gelochten oder Dämpfeinsatz legen und diesen in den Topf setzen.
Mit dem passendem Deckel oder Alufolie fest verschließen und die Filets auf kleiner Flamme 2 mal 4 Minuten räuchern. Danach den geschlossenen Topf ins Freie tragen, vorsichtig öffnen und den Rauch entweichen lassen.

GESCHMOLZENE KALBSTERRINE

Die Kalbsmaske und den Tafelspitz in einen Topf geben. Kalbsfond, Gewürze und das Mirepoix hinzufügen und langsam zum Köcheln bringen. Den Tafelspitz und die Kalbsmaske herausnehmen, sobald sie von der Fleischgabel fallen, also nach ca. 60 Minuten. Dann erkalten lassen und die Kalbsmaske zerlegen und parieren. Nun beides in ca. 5 cm große und gleichmäßige Würfel schneiden. Alles in einem flachen Topf ca. 5 Minuten anbraten und den Senf hinzugeben. Mit dem Balsamico-Essig ablöschen, mit Salz und Piment d'Espelette abschmecken und danach in eine Form füllen und erkalten lassen. Die Terrine in ca. 2 cm dicke Scheiben schneiden und vor dem Servieren in einer beschichteten Pfanne ohne Fett leicht erwärmen.

KRÄUTERSEITLINGE

Die Kräuterseitlinge putzen und in Sechstel schneiden. Die Schalotten, den Knoblauch und den Chili in feine Würfel schneiden, mit den Kräuterseitlingen in der Butter anschwitzen und mit Salz und Pfeffer abschmecken.

Gefüllte
Perlhuhnroulade
MIT AVOCADO
und Tomate

Zutaten FÜR 4 PERSONEN

PERLHUHNROULADE

1 Perlhuhnbrust mit Haut
60 g Geflügelfarce (siehe Seite 151)
3 getrocknete Tomaten
5 Taggiasca Oliven
10 g Pinienkerne, *geröstet*
1 Zweig Thymian

AVOCADOCREME

1 Avocado
Saft von 1 Zitrone
Salz und Cayennepfeffer

CONFIERTE TOMATE

1 Tomate, *geviertelt*
100 ml Olivenöl
1 Zweig Thymian
1 Zweig Rosmarin
1 Knoblauchzehe
1 TL Salz

Zubereitung

PERLHUHNROULADE

Die Perlhuhnbrust plattieren. Getrocknete Tomaten, Pinienkerne, Thymian sowie die Oliven klein schneiden und alles in die Farce geben.

Nun die Perlhuhnbrust damit bestreichen und vorsichtig aufrollen. Zunächst eng mit Frischhaltefolie, danach mit Alufolie umwickeln und an den Seiten dicht verschließen. Im Wasserbad bei 70 Grad ca. 15 Minuten pochieren.

AVOCADOCREME

Die Avocado halbieren und den Kern sowie die Schale entfernen.
Das Fruchtfleisch unter Hinzugabe von Zitronensaft, Salz und Cayennepfeffer fein pürieren.

Tipp: Den Stein der Avocado mit in die Crème legen, damit sie nicht oxidiert.

CONFIERTE TOMATE

Alle Zutaten vermengen und bei 40 Grad 30 Minuten confieren.

TATAR VOM

Sizilianischen Thunfisch

auf Cannellinibohnen-Salat

in pikanter Tomatenvinaigrette

Zutaten FÜR 4 PERSONEN

THUNFISCH-TATAR

200 g Thunfischfilet
Saft von ½ Zitrone
1 TL Kerbel, *fein gehackt*
1 TL Limonenöl
Abrieb von ½ Limone
weißer Pfeffer aus der Mühle
Fleur de Sel

CANNELLINIBOHNEN-SALAT

100 g Cannellinibohnen, *eingeweicht*
2 Zweige Bohnenkraut
40 g Tomaten-Concassée
1 Zweig Thymian
1 rote Zwiebel, *feine Brunoise*
½ Knoblauchzehe, *zerdrückt*
20 ml heller Balsamico-Essig
50 ml Olivenöl
Salz und weißer Pfeffer aus der Mühle

PIKANTE TOMATENVINAIGRETTE

6 reife Strauchtomaten, *ohne Haut*
150 ml Gemüsefond (siehe Seite 151)
50 ml Tomatenöl
100 ml Traubenkernöl
50 ml Olivenöl
25 ml heller Balsamico-Essig
1 EL brauner Zucker
etwas Chilischote, *entkernt und gewürfelt*
Salz und weißer Pfeffer aus der Mühle

Zubereitung

THUNFISCH-TATAR

Den gut gekühlten Thunfisch in feine Würfel schneiden und mit den restlichen Zutaten marinieren und abschmecken. Das Tatar mit Hilfe von Dessertringen auf den Tellern anrichten und etwas Limonenabrieb darüber streuen.

CANNELLINIBOHNEN-SALAT

Die eingeweichten Bohnen im leicht gesalzenem Wasser bissfest kochen. Die Zwiebeln und den Knoblauch in etwas Olivenöl anschwitzen. Bohnen, Bohnenkraut und Thymian hinzugeben und mit dem Balsamico-Essig ablöschen. Tomaten-Concassée hinzufügen, mit dem restlichem Olivenöl verfeinern und mit Salz und Pfeffer abschmecken.

PIKANTE TOMATENVINAIGRETTE

Alle Zutaten, bis auf die Öle, miteinander pürieren und passieren. Nun mit einem Schneebesen die Öle langsam unterrühren. Mit Salz und Pfeffer abschmecken und kalt stellen. Evtl. noch Tomaten-Concassée und feine Basilikumstreifen hinzufügen.

Gratin von der

Jakobsmuschel

MIT ORANGENKRUSTE,
Blumenkohl und Taggiasca-Oliven

Zutaten FÜR 4 PERSONEN

JAKOBSMUSCHEL-GRATIN

- 8 Jakobsmuscheln, *ohne Rogen*
- Abrieb von 1 Limette
- Abrieb von 1 Orange
- Fischgewürz (siehe Seite 149)
- Olivenöl
- Orangenkruste (siehe Seite 152)

BLUMENKOHL, ORANGE UND TAGGIASCA-OLIVEN

- 20 Blumenkohlröschen, *geputzt*
- 12 Orangenfilets
- 8 Taggiasca-Oliven
- 10 g Pinienkerne, *geröstet*
- 20 ml geklärte Butter (siehe Seite 149)
- 1 cl heller Balsamico-Essig
- Muskat
- Salz

Feiner Kräutersalat zum Dekorieren

Zubereitung

JAKOBSMUSCHEL-GRATIN
Die Jakobsmuscheln auslösen, abwaschen und trocken tupfen. Mit einem dünnen Messer in feine Scheiben schneiden und auf einem mit Olivenöl bestrichenen Teller auslegen. Mit dem Fischgewürz würzen und den Abrieb über die Jakobsmuscheln streuen. Mit der Orangenkruste belegen und bei mittlerer Hitze unter einem Salamander oder im Backofen (Oberhitze) gratinieren.

BLUMENKOHL, ORANGE UND TAGGIASCA-OLIVEN
Die Blumenkohlröschen in der Butter bei schwacher Hitze anbraten, bis sie goldgelb sind. Mit Balsamico-Essig ablöschen und mit Salz und Muskat würzen. Nachdem das Gratin abgekühlt ist, Pinienkerne, Orangenfilets und Oliven sowie die Blumenkohlröschen auf dem Gratin anrichten.

Mit feinem Salat dekorieren.

Vitello Tonnato

Zutaten FÜR 4 PERSONEN

VITELLO

1	Semmerrolle vom Kalb, *ca. 400 g*
	Salz und schwarzer Pfeffer aus der Mühle

TONNATO-SAUCE

2	Eigelb
150 ml	Olivenöl
150 ml	Pflanzenöl
½ EL	Senf
	Saft einer ½ Zitrone
3	Sardellen, *trockengetupft*
1 EL	kleine Kapern, *ausgedrückt*
1 Spritzer	Worcestershire-Sauce
1 Spritzer	Tabasco
200 g	Thunfisch in Öl, *ausgedrückt*

Zubereitung

VITELLO

Die Semmerrolle von Sehnen befreien, mit Salz und Pfeffer würzen, von allen Seiten kräftig anbraten und im vorgeheizten Backofen bei 160 Grad Umluft 20 Minuten backen, bis das Fleisch rosa ist. Danach in Alufolie für ca. 30 Minuten ruhen lassen.

TONNATO-SAUCE

Aus Eigelb, Öl, Senf und Zitronensaft eine Mayonnaise herstellen. Sardellen, Kapern, Worcestershire-Sauce, Tabasco und den Thunfisch im Mixer sehr fein pürieren, in die Mayonnaise rühren und mit Salz und Pfeffer abschmecken.

Die Kalbs-Semmerrolle mit der Aufschnittmaschine in ca. 1 mm dünne Scheiben schneiden und mit der Sauce nappieren.

Gâteau von Gänseleber

MIT PORTWEINSPIEGEL, Mangochutney

und karamellisiertem Brioche

Zutaten FÜR 4 PERSONEN

GÄNSELEBER-TERRINE

300 g	frische Gänseleber, *pariert*
3 cl	Beerenauslese (Recioto oder Sauternes)
2 cl	weißer Portwein
2 cl	Cognac oder alter Brandy
1 ½ EL	Salz
1 Prise	Pökelsalz
1 Prise	Zucker
	weißer Pfeffer aus der Mühle

GÄNSELEBER-MOUSSE UND GLASUR

15 ml	heller Portwein
15 ml	Madeira
40 ml	Geflügelfond (siehe Seite 150)
1 Zweig	Thymian
2 Blatt	Gelatine
40 g	Gänseleber-Terrine (siehe oben)
40 g	Sahne, *geschlagen*
50 g	roter Portwein
½ Blatt	Gelatine

BAUMKUCHEN

Menge für 1 Backblech

600 g	Butter
200 g	Marzipan
26	Eigelb und 26 Eiweiß
400 g	Zucker
50 g	Mehl
350 g	Weizenstärke

BRIOCHE

2 EL	Milch, *lauwarm*
15 g	Hefe
180 g	Mehl
2	Eier
1	Eigelb
25 g	Zucker
3 g	Salz
50 g	geklärte Butter (siehe Seite 149)
20 g	Puderzucker

MANGOCHUTNEY

1	Mango (Flugware)
100 ml	Mango-Püree
1 TL	Schalotten, *gewürfelt*
	etwas Chilischote, *gewürfelt*
1 EL	Rotweinessig
5 g	Ingwer, *fein gerieben*
	etwas Zucker
	Salz

Zubereitung

GÄNSELEBER-TERRINE

Alle Zutaten miteinander vermengen und in eine passende Form geben. Mit Frischhaltefolie abdecken und über Nacht erkalten lassen. 40 g der Gänseleber-Terrine für die Mousse zur Seite legen.

GÄNSELEBER-MOUSSE (1. SCHICHT)

Portwein, Madeira, Fond und Thymian zur Hälfte reduzieren. Die Blattgelatine in kaltem Wasser einweichen, ausdrücken und in der heißen Flüssigkeit auflösen. Den Thymianzweig entfernen und die Flüssigkeit mit der Gänseleber pürieren. Die Masse durch ein feines Sieb passieren. Nachdem sie erkaltet ist, die geschlagene Sahne unterheben.

BAUMKUCHEN

Die nachfolgende Rezeptur erfordert hohen Material- und Arbeitsaufwand! Deshalb empfehlen wir, einfach ein 20 x 20 cm großes Stück Baumkuchen bei Ihrem Konditor zu bestellen.

Die Butter mit dem Marzipan, dem Eigelb und der Hälfte des Zuckers schaumig schlagen. Das Eiweiß mit der anderen Hälfte des Zuckers steif schlagen. Die Butter-Marzipanmasse mit der Eigelbmasse verrühren und den Eischnee unterheben. Das Mehl und die Stärke in die Schüssel sieben und ebenfalls unterheben. Nun die Masse Schicht für Schicht auf ein Metallblech streichen und unter einem Salamander ausbacken.

ZUBEREITUNG TÖRTCHEN

Den Baumkuchen auf der Aufschnittmaschine hauchdünn schneiden. Den Rand eines Anrichterings mit den Baumkuchenscheiben auslegen. Ein Stück der Gänseleber-Terrine auf dem Boden auslegen. Nun die Gänseleber-Mousse einfüllen und anziehen lassen. Den Vorgang für die anderen Törtchen wiederholen. Den Portwein aufkochen und die eingeweichte Gelatine darin auflösen und passieren. Etwas abkühlen lassen und zum Schluss als lauwarme Glasur über die Törtchen gießen und gleichmäßig verteilen.

BRIOCHE

Die Milch mit der Hefe und 2 EL von dem gesiebten Mehl zu einem Vorteig verrühren. Den Teig gehen lassen, bis er Blasen wirft. Dann in eine große Schüssel geben und mit dem restlichen gesiebten Mehl, Eiern, Eigelb, Zucker und Salz vermischen. Nach und nach die geklärte Butter hinzufügen und zu einem glatten und geschmeidigen Teig verarbeiten. 20 Minuten gehen lassen, nochmals durchkneten, in eine gefettete Form geben und noch einmal 20 Minuten gehen lassen. Danach die Brioche im vorgeheizten Backofen bei 180 Grad etwa 45 Minuten backen. Nach dem Backen das Brot aus der Form lösen und auf einem Gitter auskühlen lassen. Nun die Brioche in kleine Würfel schneiden und in einer Pfanne mit dem Puderzucker karamellisieren.

MANGOCHUTNEY

Die Schalotten mit dem Ingwer und dem Chili in einem Topf andünsten. Die Mango schälen, in feine Würfel schneiden und hinzugeben. Nun mit dem Mango-Püree und dem Essig ablöschen und etwas einköcheln lassen. Mit Salz und Zucker abschmecken und kalt servieren.

Carpaccio vom Pulpo

mit Safran-Vinaigrette,

RUCOLAMOUSSE UND KRÄUTERSALAT

Zutaten FÜR 4 PERSONEN

CARPACCIO VOM PULPO

1	großer Pulpo, *ca. 2 kg*
2	Möhren, *geschält und klein geschnitten*
1 Stange	Lauch, *gewaschen und klein geschnitten*
1 Stange	Staudensellerie, *klein geschnitten*
2	Lorbeerblätter
10	weiße Pfefferkörner
5 cl	Weißwein

SAFRAN-VINAIGRETTE

100 ml	Fischfond (siehe Seite 150)
	Safranpulver
	Mondamin
5 EL	Weißweinessig oder heller Balsamico-Essig
10 EL	Distelöl
	Salz und weißer Pfeffer aus der Mühle

RUCOLAMOUSSE

150 g	Rucola, *geputzt*
100 g	saure Sahne
2 Blatt	Gelatine
1 Spritzer	Walnussöl
80 g	Sahne, *geschlagen*

WILDKRÄUTERSALAT-MIX

10	Sauerampferblätter
10	helle Löwenzahnblätter
10	Gänseblümchenblätter
10	Gierschblätter
10	junge Brennnesselblätter
10	Brunnenkresseblätter
10	Raukeblätter
10	Estragonblätter
4 EL	Olivenöl
1 EL	Sherry-Essig
	Salz und schwarzer Pfeffer aus der Mühle

Zubereitung

CARPACCIO VOM PULPO

Den Pulpo mit allen Zutaten in Wasser weich kochen. Die Tentakel abtrennen und beiseite legen. Das noch warme Pulpofleisch in Klarsichtfolie und dann in Alufolie zu einer Wurst formen, stramm drehen und anfrieren.

SAFRAN-VINAIGRETTE

Das Safranpulver in dem Fischfond aufkochen und mit Mondamin abbinden. Mit dem Pürierstab das Distelöl und den Essig aufschlagen und mit Salz und Pfeffer abschmecken.

RUCOLAMOUSSE

Die Hälfte des Rucolas blanchieren. Den restlichen Rucola zur sauren Sahne geben und im Thermo-Mixer fein mixen. Die eingeweichte Gelatine in Walnussöl auflösen und zu der pürierten Masse geben. Kurz mixen, abschmecken und dann die geschlagene Sahne in einer Schüssel unterheben. In eine runde Form abfüllen und mindestens 2 Stunden kalt stellen.

WILDKRÄUTERSALAT-MIX

Essig mit Gewürzen verrühren, dann mit Olivenöl zu einer Vinaigrette aufschlagen und den Kräutersalat kurz vor dem Servieren darin anmachen.

Einen Teller mit der Safran-Vinaigrette bestreichen. Pulpofleisch und Tentakel mit der Aufschnittmaschine in dünne Scheiben schneiden, darauf anrichten und wieder mit der Safran-Vinaigrette bestreichen. Mit Rucola-Mousse und Kräutersalat servieren.

Gefüllte

Zucchiniblüte

MIT PFIFFERLINGEN *à la crème*

Zutaten FÜR 4 PERSONEN

GEFÜLLTE ZUCCHINIBLÜTE

4	Zucchiniblüten
8	Kartoffeln
¼ Stange	Lauch, *in feinen Streifen*
	Muskatnuss
250 ml	Sahne
60 g	Butter
	Salz und schwarzer Pfeffer aus der Mühle
5 cl	Gemüsefond (siehe Seite 151)

PFIFFERLINGE A LA CREME

200 g	Pfifferlinge
5 cl	Weißwein
100 ml	Sahne
	Thymian, Basilikum
1	Schalotte, *in feinen Würfeln*
½	Knoblauchzehe, *zerdrückt*
30 g	Butter
	Salz und schwarzer Pfeffer aus der Mühle

Zubereitung

GEFÜLLTE ZUCCHINIBLÜTE

Die Kartoffeln mit Schale weich kochen. Den Lauch in Butter andünsten, mit Sahne ablöschen, mit Muskat abschmecken und etwas reduzieren. Kartoffeln pellen und zweimal durch die Kartoffelpresse drücken. Die Lauchsahne dazugeben, das Püree kräftig rühren und mit Salz und Pfeffer abschmecken.

Aus den Zucchiniblüten den Stempel entfernen und mit dem abgekühlten Püree füllen. Die Blüten mit Salz und Pfeffer würzen und mit etwas Gemüsefond und Butter in eine Form legen. Im vorgeheizten Backofen, mit Alufolie abgedeckt, bei ca. 150 Grad 10 Minuten lang garen.

PFIFFERLINGE A LA CREME

Die Pfifferlinge putzen, waschen und trocken schleudern. Die Schalottenwürfel und den Knoblauch in der Butter glasig anschwitzen, die Pfifferlinge hinzugeben und bei großer Hitze scharf anbraten. Mit dem Weißwein ablöschen, Sahne hinzufügen und mit Salz, Pfeffer und Thymian würzen. Die Sauce etwas reduzieren lassen, gegebenenfalls leicht abbinden. Kurz vor dem Anrichten das in Streifen geschnittene Basilikum hinzufügen.

Die Zucchiniblüten auf die Pfifferling-Rahmsauce legen und servieren.

Rosa gebeizter

Kalbstafelspitz

mit Kapern-Vinaigrette,

eingelegten Artischocken UND RÖMERSALAT

Zutaten FÜR 4 PERSONEN

TAFELSPITZ

1 Kalbstafelspitz, *ca. 500 g*
Fleur de Sel
etwas Sojasauce
5 Zweige Thymian
3 Zweige Rosmarin
1 Knoblauchzehe
Salz und schwarzer Pfeffer aus der Mühle

KAPERN-VINAIGRETTE

50 ml heller Balsamico-Essig
Saft von 2 Zitronen
75 g brauner Zucker
100 ml Olivenöl
1 TL Kapernbeeren
Salz und schwarzer Pfeffer aus der Mühle

2 Mini-Römersalat-Herzen

EINGELEGTE ARTISCHOCKEN

4 Poivraden (kleine Artischocken)
30 ml Olivenöl
15 ml heller Balsamico-Essig
1 Prise Salz
½ TL brauner Zucker
¼ TL Piment d'Espelette
2 Zitronen, *ausgepresst*

Zubereitung

TAFELSPITZ

Tafelspitz parieren und mit Salz und Pfeffer würzen. In einer heißen Pfanne scharf anbraten und mit der Sojasauce ablöschen. Die restlichen Zutaten mit dem Fleisch und dem Bratfond nicht zu stramm einvakuumieren. Bei 70 Grad 3 Stunden im Backofen rosa garen und anschließend im Eiswasser abschrecken. Das Fleisch auspacken und unter kaltem Wasser abwaschen, trocken tupfen und auf der Aufschnittmaschine, gegen die Faser, dünn aufschneiden.

KAPERN-VINAIGRETTE

Den Essig mit dem Zitronensaft und dem braunen Zucker verrühren, das Olivenöl langsam hinzugeben, Kapernbeeren hinzufügen und mit Salz und Pfeffer abschmecken.

RÖMERSALAT

Den Salat putzen, waschen und mit der Vinaigrette marinieren.

EINGELEGTE ARTISCHOCKEN

Die äußeren Blätter entfernen und die Artischocken putzen. Danach mit dem Saft der 2 Zitronen in Wasser ca. 4-5 Minuten blanchieren und vierteln. Alle übrigen Zutaten miteinander vermengen und unter ständigem Rühren kurz erwärmen. Die Artischocken hineinlegen, bis sie ebenfalls warm sind.

Beim Anrichten nach Belieben noch mit Parmesanspänen bestreuen.

LAUWARMER

Kartoffel-Pulpo-Salat

Zutaten FÜR 4 PERSONEN

1	Pulpo, *ca. 1,5 kg*
2	Möhren, *geschält und klein geschnitten*
1 Stange	Lauch, *gewaschen und in große Ringe geschnitten*
1 Stange	Staudensellerie, *gewaschen und klein geschnitten*
2	Lorbeerblätter
½	Zitrone
10	weiße Pfefferkörner
5 cl	trockener Weißwein
	Meersalz
12	La Ratte-Kartoffeln
1	Chilischote, *in feine Ringe geschnitten*
2	Knoblauchzehen, *in feine Scheiben geschnitten*
1	Fenchel, *in feine Scheiben geschnitten*
1 Stange	Staudensellerie, *in feine Scheiben geschnitten*
2	Schalotten, *fein gewürfelt*
1 Schuss	heller Balsamico-Essig
5	Basilikumblätter, *in feine Streifen geschnitten*
	Olivenöl
	Salz und weißer Pfeffer aus der Mühle

Zubereitung

Den Pulpo mit allen Zutaten in Wasser weichkochen. Die Tentakel abtrennen, in noch warmem Zustand von der Haut befreien und alles in Ringe schneiden. Die Kartoffeln mit Schale in gesalzenem Wasser gar kochen, pellen und in ca. 3 mm dicke Scheiben schneiden.

Schalotten, Knoblauch, Chili, Fenchel und Sellerie in Olivenöl glasig anschwitzen, den Pulpo und die Kartoffeln hinzugeben. Alles zusammen weitere fünf Minuten auf kleiner Flamme ziehen lassen und mit Salz und frisch gemahlenem Pfeffer würzen. Den Kartoffel-Pulpo-Salat mit hellem Balsamico-Essig ablöschen, den Basilikum darüberstreuen und lauwarm servieren.

Tipp: Der lauwarme Kartoffel-Pulpo-Salat kann auch mit etwas Pesto serviert werden.

MARINIERTER

Ochsenschwanz

an Pfifferlings-Vinaigrette

mit Kürbiskernen

Zutaten FÜR 4 PERSONEN

MARINIERTER OCHSENSCHWANZ

- 2,5 kg Ochsenschwanz, *in 6 große Stücke geschnitten*
- 100 g Röstgemüse aus Sellerie, Möhren und Zwiebeln
- 1 EL Tomatenmark
- 200 ml Rotwein
- 20 ml dunkler Balsamico-Essig
- 1 Zweig Thymian
- 1 Lorbeerblatt
- 1 Knoblauchzehe
- etwas Chilischote, *entkernt*
- 3 Schalotten
- 6 schwarze Pfefferkörner
- 6 Pimentkörner
- 500 ml brauner Kalbsfond (siehe Seite 150)
- 50 g Parmesan
- 100 ml Kalbsjus (siehe Seite 151)
- Abrieb von 1 Limette

BASILIKUM-MOUSSE

- 250 g Basilikum
- 100 g saure Sahne
- 2 Blatt Gelatine
- 1 Spritzer Olivenöl
- 80 g Sahne, *geschlagen*

KÜRBIS-PFIFFERLINGS-VINAIGRETTE

- 200 ml Geflügelfond (siehe Seite 150)
- 40 ml heller Balsamico-Essig
- 1 TL brauner Zucker
- 40 ml Olivenöl
- 50 ml Kürbiskernöl
- etwas Speisestärke
- 100 g Pfifferlinge, *geputzt*
- 50 g Kürbiskerne, *geröstet*
- geklärte Butter (siehe Seite 149)
- Salz und schwarzer Pfeffer aus der Mühle

Zubereitung

MARINIERTER OCHSENSCHWANZ

Den Ochsenschwanz in etwas Öl anbraten. Das Röstgemüse hinzugeben und alles zusammen weiter rösten. Dann das Tomatenmark hinzufügen. Mit Balsamico-Essig und Rotwein ablöschen und bis auf ein Minimum reduzieren. Die Gewürze hinzugeben und mit dem Kalbsfond auffüllen. Nun den Ochsenschwanz so lange schmoren, bis sich das Fleisch leicht vom Knochen ablöst. Den Ochsenschwanz herausnehmen und etwas abkühlen lassen. Nun das Fleisch vom Knochen lösen und alles durch den Fleischwolf (feine Scheibe) drehen. Die Schalotten, den Knoblauch und den Chili in feine Würfel schneiden und anschwitzen. Die Fleischmasse hinzugeben und mit anschwitzen. Nun Kalbsjus und den Parmesan hinzugeben. Das Ganze kräftig mit Salz, Pfeffer und Limettenabrieb abschmecken. Die Masse dünn auf ein flaches Blech streichen und abkühlen lassen.

BASILIKUM-MOUSSE

Die Hälfte des Basilikums blanchieren und mit dem Rest in die saure Sahne geben. Im Thermo-Mixer fein mixen. Nun die eingeweichte Gelatine in Olivenöl auflösen und zu der Masse hinzugeben. Kurz mixen, abschmecken, in eine Schüssel geben und dann die geschlagenen Sahne unterheben. Die Mousse in eine runde Form füllen und mindestens 2 Stunden kalt stellen.

KÜRBIS-PFIFFERLINGS-VINAIGRETTE

Den Geflügelfond aufkochen und mit der Speisestärke leicht abbinden. Nun den Balsamico-Essig und den Zucker hinzufügen und unter ständigem Rühren langsam mit den Ölen montieren. Die Pfifferlinge in der geklärten Butter scharf anbraten, mit Salz und Pfeffer würzen und mit den Kürbiskernen in die Vinaigrette geben.

Hummersalat

auf geliertem Krustentierfond

AN GEEISTER MELONE

Zutaten FÜR 4 PERSONEN

HUMMERSALAT

2	Hummer, *à 500 g*
30 g	Salz
1	Cantaloupe-Melone
1 EL	Gemüsewürfel *(Petersilienwurzel, Möhre, Staudensellerie, Porree)*
1 TL	heller Balsamico-Essig
	etwas Hummeröl (siehe Seite 149)
	Abrieb von 1 Zitrone
100 g	Gemüsestrauch *(aus Porree, Möhre, Lauch, Zwiebel)*
	Fleur de Sel

GELIERTER KRUSTENTIERFOND

	die Karkassen vom Hummer
1	kleine Dose geschälte Tomaten
1 Stück	Zitronengras
1	Messerspitze Agar-Agar
1 EL	Tomatenmark
50 ml	Weinbrand
500 ml	Fischfond (siehe Seite 150)
1	Knoblauchzehe, *zerdrückt*
5 Zweige	Thymian
	Olivenöl

GEEISTE MELONE

300 ml	Melonenpüree
12 g	Glucose
1 Blatt	Gelatine
30 g	Zucker

Zubereitung

HUMMERSALAT

5 l Wasser mit dem Gemüsestrauch und 30 g Salz aufkochen. Die Hummer kopfüber in kochendes Wasser legen und ca. 4 Minuten sieden. Die Hummer herausnehmen, und nach dem Abtrennen der Scheren noch einmal für 2 Minuten in das Wasser legen.

Danach die Hummer in Eiswasser abschrecken und zerlegen. Das Hummerfleisch und die Melone in 2 cm große Würfel schneiden. Mit Balsamico-Essig, Fleur de Sel und Hummeröl marinieren und die Gemüsewürfel hinzugeben. Schließlich mit dem Zitronenabrieb verfeinern.

GELIERTER KRUSTENTIERFOND

Die Karkassen säubern und mit dem Zitronengras in Olivenöl anrösten. Das Tomatenmark hinzugeben und mitrösten. Alles mit Weinbrand ablöschen und Fischfond, Knoblauch, Thymian und geschälte Tomaten hinzufügen. Dann etwa 1 Stunde simmern lassen. Durch ein Tuch passieren, abschmecken und mit etwas Agar-Agar leicht abbinden.

GEEISTE MELONE

Die Gelatine einweichen und in einer kleinen Menge des Melonenpürees auflösen. Nun alle Zutaten miteinander vermengen und gefrieren lassen. Eine Nocke mit einem Löffel ausstechen und an den Hummersalat legen.

Den Hummersalat auf dem gelierten Krustentierfond in Form eines Ringes von ca. 8 cm Durchmesser anrichten.

Roh mariniertes

Ochsenfilet

MIT KRÄUTERSEITLINGEN

und Périgord-Trüffeln

Zutaten FÜR 4 PERSONEN

ROH MARINIERTES OCHSENFILET

- 360 g Ochsenfilet
- 50 ml Olivenöl
- Fleur de Sel
- schwarzer Pfeffer aus der Mühle

KRÄUTERSEITLINGE

- 20 kleine Kräuterseitlinge
- geklärte Butter (siehe Seite 149)
- etwas Knoblauchöl (siehe Seite 149)
- Abrieb von 1 Zitrone
- Fleur de Sel
- schwarzer Pfeffer aus der Mühle

TRÜFFEL

- 1 schwarzer Périgord-Trüffel, *ca. 50 g*

Frisée-Salat zum Dekorieren

Zubereitung

ROH MARINIERTES OCHSENFILET

Von dem Ochsenfilet hauchdünne Scheiben schneiden, auf dem Teller anrichten und mit einer Palette glatt streichen. Das Fleisch mit Olivenöl bepinseln und mit Fleur de Sel und Pfeffer gut würzen.

KRÄUTERSEITLINGE

Die Kräuterseitlinge in einer heißen Pfanne mit der geklärten Butter anbraten. Mit Knoblauchöl, Fleur de Sel und Pfeffer würzen und mit dem Zitronenabrieb verfeinern.

TRÜFFEL

Den Trüffel putzen und in feine Stifte schneiden. Zusammen mit den Pilzen und etwas Frisée-Salat auf dem Ochsenfilet anrichten.

Ganze Artischocke

mit Gemüse-Vinaigrette, HUMMER UND *Jakobsmuscheln*

Zutaten FÜR 4 PERSONEN

ARTISCHOCKEN

4 große frische Artischocken
30 g Salz
½ Zitrone

HUMMER UND JAKOBSMUSCHELN

4 halbe Hummerschwänze, *abgekocht*
8 Jakobsmuscheln, *ohne Rogen*
100 ml Krustentierfond (siehe Seite 150)
Salz und schwarzer Pfeffer aus der Mühle

GEMÜSE-VINAIGRETTE

200 ml Gemüsefond (siehe Seite 151)
50 cl Traubenöl
50 cl Distelöl
50 cl heller Balsamico-Essig
je 1 EL blanchierte Gemüse-Brunoise *(Staudensellerie, Möhren, Fenchel, Lauch)*
3 Basilikumblätter, *in feine Streifen geschnitten*
Concassée von 1 Fleischtomate
Salz und schwarzer Pfeffer aus der Mühle

Zubereitung

ARTISCHOCKEN

Die Stiele der Artischocken ganz dicht am Kopf abschneiden. Wasser in einem großen Topf zum Kochen bringen, den Saft der Zitrone und das Salz hinzufügen und die Artischocken im geschlossenen Topf 40 - 50 Minuten (je nach Größe) leicht sprudelnd kochen. Zwischendurch mehrfach wenden.

Die Artischocken sind gar, wenn sich die untersten Blätter leicht herausziehen lassen. Die Artischocken gut abtropfen und im warmen Zustand das Stroh und die kleinen lilafarbenen Blätter in der Mitte entfernen.

HUMMER UND JAKOBSMUSCHELN

Die Hummerschwänze im Krustentierfond erwärmen. Die Jakobsmuscheln mit Salz und Pfeffer würzen und kurz grillen.

GEMÜSE-VINAIGRETTE

Gemüsefond aufkochen und etwas reduzieren lassen. Zusammen mit dem Trauben-Distelöl und dem hellen Balsamico-Essig mit dem Pürierstab aufmixen und mit Salz und Pfeffer würzen. Die blanchierte Gemüse-Brunoise, die Basilikumstreifen und das Tomaten-Concassé unterrühren.

Hummer und Jakobsmuscheln auf den Artischockenboden legen. Die Artischocke mit der Gemüse-Vinaigrette nappieren. Etwas von der Vinaigrette separat servieren.

Die Artischocke wird gegessen, indem man das weiche Fleisch von den Blättern mit den Zähnen abzieht. Der Boden wird mit Messer und Gabel gegessen.

PRIMI

PIATTI

Safranrisotto

mit Riesengarnele

UND BASILIKUMSCHAUM

Zutaten FÜR 4 PERSONEN

SAFRANRISOTTO

- 200 g Risotto-Reis (Carnaroli Acquerello)
- 80 ml trockener Weißwein
- 25 g Schalotten, *gewürfelt*
- 2 Knoblauchzehen
- 1 Messerspitze Safranpulver
- 10 Safranfäden
- 2 EL Olivenöl
- 750 ml Fischfond (siehe Seite 150)
- 70 g Butterwürfel
- 120 g frisch geriebener Parmesan
- Salz und weißer Pfeffer aus der Mühle

RIESENGARNELEN

- 8 Riesengarnelen, *ohne Darm und mit Kopf und Schwanz*
- 1 Knoblauchzehe
- etwas Chilischote, *entkernt und gewürfelt*
- Fischgewürz (siehe Seite 149)
- Abrieb von 1 Limette
- 10 ml Olivenöl
- 1 Zweig Thymian

BASILKUMSCHAUM

- 200 g Basilikum
- 50 g Knollensellerie
- 2 Schalotten
- 50 g Lauch (nur das Helle)
- 60 g Butter
- 75 g Mehl
- 1 l Fischfond (siehe Seite 150)
- ¼ l trockener Weißwein
- Salz und weißer Pfeffer aus der Mühle

Zubereitung

SAFRANRISOTTO

Den Fischfond mit dem Safranpulver erhitzen und am Siedepunkt halten. In einem zweiten Topf das Olivenöl, die Schalotten und den Knoblauch glasig andünsten, den Reis hinzufügen und mit einem Holzlöffel rühren, bis er vom Öl überzogen ist. Mit dem Weißwein ablöschen, verdampfen lassen und unter ständigem Rühren nach und nach den Fond hinzufügen, bis der Reis cremig und weich, aber dennoch körnig ist.

Nach ca. 20 Minuten den Topf vom Herd nehmen und Butter, Parmesan und Safranfäden unterrühren. Das Risotto mit Salz und Pfeffer abschmecken.

RIESENGARNELEN

Die Köpfe entfernen und als Garnitur zur Seite legen. Die Garnelen mit Fischgewürz würzen und in einer Pfanne mit dem Olivenöl ca. 1 ½ Minuten von jeder Seite anbraten. Knoblauch, Chili und Thymian dazugeben. Mit Limettenabrieb verfeinern.

BASILKUMSCHAUM

Lauch, Schalotten und Sellerie putzen, klein schneiden und in der zerlassenen Butter andünsten. Mit Mehl bestäuben und mit kaltem Fischfond und dem Weißwein ablöschen. Das Ganze ca. 20 Minuten kochen. Danach mit dem gezupften Basilikum im Thermo-Mixer pürieren und durch ein feines Sieb passieren. Vor dem Gebrauch mit kalter Butter aufschlagen.

Trüffelrisotto

MIT TAUBENBRUST
und gegrillter Mango

Zutaten FÜR 4 PERSONEN

TRÜFFELRISOTTO

- 200 g Risotto-Reis (Carnaroli Aquerello)
- 80 ml trockener Weißwein
- 25 g Schalotten, *gewürfelt*
- 50 g frischer schwarzer Trüffel
- 2 EL Olivenöl
- 750 ml Geflügelfond (siehe Seite 150)
- 70 g Butter, *gewürfelt*
- 120 g Parmesan, *frisch gerieben*
- Salz und schwarzer Pfeffer aus der Mühle

TAUBENBRUST

- 4 Taubenbrüste
- 1 Zweig Thymian
- 10 g Butter
- Pflanzenöl
- Salz und schwarzer Pfeffer aus der Mühle

GEGRILLTE MANGO

- 1 Mango (Flugware)
- etwas Chilischote, *entkernt und gewürfelt*
- 1cl heller Balsamico-Essig
- 5 g Butter, *gewürfelt*

Zubereitung

TRÜFFELRISOTTO

Den Fond erhitzen und siedend halten. Die Hälfte des Trüffels in feine Brunoise schneiden.

In einem zweiten Topf das Olivenöl und die Schalotten glasig andünsten, den Reis und die Trüffelbrunoise hinzufügen und mit einem Holzlöffel rühren bis er vom Öl überzogen ist. Mit dem Weißwein ablöschen, verdampfen lassen und unter ständigem Rühren nach und nach den Fond hinzufügen, bis der Reis cremig und weich, aber noch körnig ist.

Nach ca. 20 Minuten den Topf vom Herd nehmen. Butter und Parmesan unterrühren, mit Salz und Pfeffer abschmecken und den restlichen Trüffel fein darüber hobeln.

TAUBENBRUST

Die Taubenbrüste parieren und die Haut abziehen. Mit Salz und Pfeffer würzen. In einer Pfanne die Taubenbrüste mit ein wenig Pflanzenöl leicht anbraten und die Butter mit dem Thymian hinzugeben.

Im Ofen bei 75 Grad ca. 7 Minuten garen. Danach die Taubenbrust in ca. 4 mm dicke Scheiben tranchieren.

GEGRILLTE MANGO

Die Mango schälen und in dünne Spalten schneiden. Eine Grillpfanne erhitzen und die Mango darin grillen. In einem separaten Topf die Butter und den Chili auslassen und mit dem Balsamico-Essig ablöschen. Die gegrillten Mangospalten darin schwenken.

Risotto von Artischocken

MIT BÄRLAUCH
und gebackenem Kalbsbries

Zutaten FÜR 4 PERSONEN

RISOTTO VON ARTISCHOCKEN

200 g Risotto-Reis (Carnaroli Aquerello)
80 ml trockener Weißwein
25 g Schalotten, *gewürfelt*
2 Knoblauchzehen
6 Poivraden (kleine Artischocken)
2 EL Olivenöl
750 ml Gemüsefond (siehe Seite 151)
70 g Butter, *gewürfelt*
120 g Parmesan, *frisch gerieben*
250 ml Pflanzenöl
Piment d'Espelette
Fleur de Sel
schwarzer Pfeffer aus der Mühle

BÄRLAUCHSAUCE

200 g Bärlauch
50 g Knollensellerie
2 Schalotten
50 g Lauch (nur das Helle)
60 g Butter
75 g Mehl
1 l Geflügelfond (siehe Seite 150)
¼ l trockener Weißwein
20 g Butter, *in Flöckchen*
Salz und weißer Pfeffer aus der Mühle

KALBSBRIES

320 g Kalbsbries
100 g Panko-Mehl
1 Zweig Rosmarin
1 Zweig Thymian
2 Eier
Mehl zum Mehlieren
200 ml Pflanzenöl
Salz und schwarzer Pfeffer aus der Mühle

Zubereitung

RISOTTO VON ARTISCHOCKEN

Die äußeren Blätter entfernen und die Artischocken putzen. 3 Poivraden in Achtel schneiden. Den Fond erhitzen und siedend halten. In einem zweiten Topf das Olivenöl, die Schalotten und den Knoblauch glasig andünsten. Den Reis und die geachtelten Artischocken hinzufügen und mit einem Holzlöffel so lange rühren, bis dieser mit Öl überzogen ist.

Mit dem Weißwein ablöschen, verdampfen lassen und unter ständigem Rühren nach und nach den Fond hinzufügen, bis der Reis cremig und weich, aber noch körnig ist. Nach ca. 20 Minuten den Topf vom Herd nehmen, die Butter und den Parmesan unterrühren und mit Salz und Pfeffer abschmecken.

Die restlichen Poivraden auf der Aufschnittmaschine in hauchdünne Scheiben schneiden und bei 150 Grad im Pflanzenöl ausbacken. Auf einem Küchentuch abtropfen lassen und mit Fleur de Sel und Piment d'Espelette würzen.

BÄRLAUCHSAUCE

Lauch, Schalotten und Sellerie putzen, klein schneiden und in der erhitzten Butter andünsten. Mit dem Mehl bestäuben und mit kaltem Geflügelfond und Weißwein ablöschen. Das Ganze ca. 20 Minuten kochen. Danach mit dem gezupften Bärlauch im Thermo-Mixer pürieren und durch ein feines Sieb passieren. Vor dem Gebrauch mit kalter Butter aufschlagen.

KALBSBRIES

Das Bries unter kaltem, fließenden Wasser wässern, bis kein Blut mehr austritt. Danach abtrocknen, parieren und würzen. Rosmarin und Thymian zupfen, fein schneiden und mit dem Panko-Mehl vermengen. Das Bries mit Mehl, Eiern und Panko-Mehl panieren und in Pflanzenöl bei 170 Grad ausbacken.

Steinpilz-Risotto

Zutaten FÜR 4 PERSONEN

STEINPILZ-RISOTTO

200 g	Risotto-Reis (Carnaroli Aquerello)
80 ml	trockener Weißwein
25 g	Schalotten, *gewürfelt*
2	Knoblauchzehen
400 g	frische Steinpilze
2 EL	Olivenöl
750 ml	Geflügelfond (siehe Seite 150)
50 ml	geklärte Butter (siehe Seite 149)
10 g	Blattpetersilie, *frisch gehackt*
70 g	Butter, *gewürfelt*
120 g	Parmesan, *frisch gerieben*
	Salz und schwarzer Pfeffer aus der Mühle

Zubereitung

Die Steinpilze putzen und die Abschnitte mit dem Geflügelfond einmal aufkochen und 10 Minuten ziehen lassen. Durch ein Tuch passieren und siedend halten. 150 g Steinpilze in dünne Scheiben, den Rest in kleine Würfel schneiden.

In einem zweiten Topf die Schalotten in Olivenöl glasig andünsten. Den Reis und die Steinpilzwürfel hinzufügen und mit einem Holzlöffel rühren, bis er vom Öl überzogen ist. Mit dem Weißwein ablöschen, verdampfen lassen und unter ständigem Rühren den Fond nach und nach hinzufügen, bis der Reis cremig und weich, aber noch körnig ist. Nach ca. 20 Minuten den Topf vom Herd nehmen und die Butter, den Parmesan und die Petersilie unterrühren. Das Risotto mit Salz und Pfeffer abschmecken.

Die Steinpilzscheiben in einer Pfanne mit geklärter Butter anbraten und mit Salz und Pfeffer würzen.

Zum Anrichten die Pilzscheiben gefächert auf das Risotto legen.

Franciacorta-Risotto

MIT KANDIERTEN ZITRONEN,
gebratenem Heilbutt und Gartenkresse

Zutaten FÜR 4 PERSONEN

FRANCIACORTA-RISOTTO

200 g	Risotto-Reis (Carnaroli Aquerello)
80 ml	Franciacorta-Sekt
25 g	Schalotten, *gewürfelt*
2	Knoblauchzehen
2 EL	Olivenöl
750 ml	Geflügelfond (siehe Seite 150)
1 TL	kandierte Zitronenwürfel
70 g	Butter, *gewürfelt*
120 g	Parmesan, *frisch gerieben*
	Salz und schwarzer Pfeffer aus der Mühle

HEILBUTT

4 Stücke	weißer Heilbutt *à 60 g*
	geklärte Butter (siehe Seite 149)
	Mehl
	Fischgewürz (siehe Seite 149)

KRESSEBUTTER

4 Schalen	Gartenkresse
200 g	Butter
200 ml	Fischfond (siehe Seite 150)
	Piment d'Espelette
	Knoblauchöl (siehe Seite 149)
	Salz

Zubereitung

FRANCIACORTA-RISOTTO

Den Fond erhitzen und siedend halten. In einem zweiten Topf das Olivenöl, die Schalotten und den Knoblauch glasig andünsten. Den Reis hinzufügen und mit einem Holzlöffel so lange rühren, bis er mit Öl überzogen ist.

Mit dem Franciacorta ablöschen, verdampfen lassen und unter ständigem Rühren nach und nach den Fond hinzufügen, bis der Reis cremig und weich, aber noch körnig ist.

Nach ca. 20 Minuten den Topf vom Herd nehmen, die Butter, den Parmesan und die kandierten Zitronen unterrühren und mit Salz und Pfeffer abschmecken. Zum Schluss noch einen Spritzer Franciacorta hineingeben.

HEILBUTT

Den Heilbutt mit Fischgewürz würzen, mehlieren und schließlich in der Pfanne mit der geklärten Butter langsam 1-2 Minuten je nach Dicke confieren.

KRESSEBUTTER

Die Gartenkresse blanchieren, pürieren und passieren, mit der Butter und 50 ml Fischfond vermengen und die Masse im Eisfach kalt stellen. Den restlichen Fischfond in einem Topf erwärmen, reduzieren und mit der gut gekühlten Kressebutter aufschlagen. Schließlich mit Salz, Knoblauchöl und Piment d'Espelette abschmecken.

SCHWARZE *Nudelbonbons* gefüllt mit Hummer und Steinbutt AUF SAFRANSAUCE

Zutaten FÜR 4 PERSONEN

SCHWARZER NUDELTEIG

- 450 g Mehl
- 50 g Hartweizengrieß
- 8 Eier, *getrennt*
- 2 Eier
- 1 EL Öl
- 2 EL Sepiatinte, *in wenig Wasser aufgelöst*
- Salz

HUMMER

- 2 Atlantik-Hummer, *à 500 g*
- 1 Gemüsestrauch *(Lauch, Fenchel, Möhre, Petersilienwurzel, Staudensellerie)*
- 30 g Salz
- 1 l Hummerfond (siehe Seite 150), *zum Erwärmen der Hummerschwänze*

FÜLLUNG

- 300 g Steinbuttfilet, *in Würfel geschnitten*
- 200 g Hummerfleisch aus den Gelenken, *klein geschnitten*
- 150 ml flüssige Sahne
- 1 Ei
- Pernod
- Salz und weißer Pfeffer aus der Mühle

SAFRANSAUCE

- 1 Prise Safranpulver
- 20 Safranfäden
- ¼ l Fischfond (siehe Seite 150)
- ¼ l flüssige Sahne
- 1 EL Fenchel, *in Brunoise*
- 1 EL Staudensellerie, *in Brunoise*
- ½ Schalotte, *in feine Brunoise*
- Olivenöl
- 1 cl Pernod
- 3 cl trockener Weißwein

Zubereitung

SCHWARZER NUDELTEIG

Die 8 Eiweiß zum Bestreichen des Nudelteigs bereitstellen. Aus den Zutaten einen elastischen Teig herstellen, in Klarsichtfolie einwickeln und ca. 30 Minuten ruhen lassen.

HUMMER

Den Gemüsestrauch und 30 g Salz in einem großen Topf mit 5 l Wasser aufkochen. Die Hummer kopfüber in das kochende Wasser legen und ca. 4 Minuten sieden. Danach herausnehmen, die Scheren abtrennen und die Hummer weitere 2 Minuten in das Wasser legen. Danach in Eiswasser abschrecken und zerlegen. Für die Füllung das Fleisch aus den Gelenken lösen und beiseite legen. Hummerscheren auslösen. Hummerschwänze ebenfalls auslösen und halbieren. Beides beiseite legen.

FÜLLUNG

Die Steinbuttwürfel leicht salzen, kurz anfrieren und danach kurz kuttern. Das Ei und den Pernod dazugeben, weiter kurz kuttern, Sahne hinzugeben und weiter zu einer glatten Mousse kuttern. Das Hummerfleisch hinzufügen und mit Salz und Pfeffer abschmecken.

Aus dem Teig eine dünne Bahn ausrollen. Diese in ca. 10 x 10 cm große Quadrate schneiden und mit leicht angeschlagenem Eiweiß bestreichen. Die Fischfarce in die Mitte geben, zusammenklappen und die Seiten am Ende wie ein Bonbon formen.

SAFRANSAUCE

Schalotte, Fenchel, Sellerie und Safranpulver in Öl anschwitzen, mit Weißwein und Pernod ablöschen. Das Ganze mit Fischfond und Sahne auffüllen und um die Hälfte reduzieren. Danach passieren, reduzieren lassen und mit Salz und Pfeffer abschmecken.

Kurz vor dem Anrichten halbierte Hummerschwänze und die Scheren einmal kurz in etwas heißem Fond erwärmen. Nudelbonbons und je Teller einen halben Hummerschwanz und eine Schere auf der Safransauce anrichten. Zum Schluss die Safranfäden auf dem Gericht dekorieren.

Uovo in Raviolo

auf Strauchtomatensugo mit Parmesan *und frittierten Kräutern*

Zutaten FÜR 4 PERSONEN

NUDELTEIG FÜR TEIGTASCHEN

200 g Mehl
50 g Hartweizengrieß
1 Ei
6 Eier, *getrennt*
1 EL Olivenöl
Salz

FÜLLUNG

100 g fester Ricotta, *gerieben*
100 g frischer Ricotta
100 g Spinat *blanchiert, fein gehackt und ausgedrückt*
1 Handvoll Pinienkerne, *geröstet*
½ Knoblauchzehe, *zerdrückt*
2 Schalotten, *fein gehackt*
1 Ei
1 Scheibe Toast, *gewürfelt*
4 Eigelb (uovo)
12 Salbeiblätter
3 EL Olivenöl
Salz und schwarzer Pfeffer aus der Mühle

STRAUCHTOMATENSUGO

1 Stange Sellerie, *in feinen Streifen*
¼ Fenchelknolle, *in feinen Streifen*
1 Chilischote, *fein geschnitten*
300 g Kirschstrauchtomaten
2 Schalotten, *in feinen Würfeln*
1 Knoblauchzehe, *zerdrückt*
10 Basilikumblätter
4 EL Olivenöl
Salz und schwarzer Pfeffer aus der Mühle

FRITTIERTE KRÄUTER

12 Salbeiblätter
12 Basilikumblätter
12 Blattpetersilienblätter
12 Kerbelblätter
12 Estragonblätter
100 ml geklärte Butter (siehe Seite 149)
50 g frische Butter
2 Knoblauchzehen

frisch geriebener Parmesankäse zum Bestreuen

Zubereitung

NUDELTEIG FÜR TEIGTASCHEN

Die 6 Eiweiß zum Bestreichen des Nudelteigs bereitstellen.

Alle Zutaten zu einem glatten Teig verkneten und ca. 30 Minuten kühl ruhen lassen.

FÜLLUNG

Schalotten und Knoblauch in Olivenöl glasig dünsten, Spinat und Pinienkerne dazugeben und mit Salz und Pfeffer würzen. Das Ganze ca. 3 Minuten auf kleiner Flamme ziehen und auskühlen lassen, anschließend mit dem Ricotta, dem Ei und dem Toast fein kuttern und in einen Spritzbeutel füllen.

Nun aus dem Nudelteig dünne Bahnen in einer Breite von ca. 10 cm ausrollen. In der Mitte der Nudelbahn in Abständen von ca. 10 cm die Füllung kreisförmig so spritzen, dass je ein Eidotter hineinpasst. Die Seiten mit Eiweiß bestreichen und mit einer zweiten Teigbahn zudecken. Mit einem runden, ca. 8 cm großen Ausstecher, die Ravioli ausstechen und al dente kochen. Dabei darauf achten, dass das Eigelb flüssig bleibt.

STRAUCHTOMATENSUGO

Die Schalotten, den Fenchel, den Sellerie, die Chilischoten und den Knoblauch in Olivenöl anbraten. Die Tomaten und das Basilikum dazugeben, mit Salz und Pfeffer würzen und das Ganze köcheln lassen, bis eine dickflüssige Konsistenz erreicht ist.

FRITTIERTE KRÄUTER

Die Butter zum Schäumen bringen, Kräuter und Knoblauch hinzugeben und kross backen.

Den Strauchtomatensugo auf vorgewärmten Tellern anrichten, Ravioli darauf legen, mit Parmesan bestreuen und mit den frittierten Kräutern nappieren.

SCHWARZE

Spaghetti

in weißer Tomatensauce

mit Gamba-Bolognese

Zutaten FÜR 4 PERSONEN

SCHWARZE SPAGHETTI

150 g Mehl
150 g Hartweizengrieß
2 Eier
1 EL Sepiatinte
2 EL Wasser
1 EL Olivenöl
1 Prise Salz

WEISSE TOMATENSAUCE

2,5 kg reife Strauchtomaten
3 Zweige Basilikum
3 Zweige Thymian
1 Zweig Rosmarin
2 Knoblauchzehen
200 ml Geflügelfond (siehe Seite 150)
2 g Speisestärke
Olivenöl
Butter, *in Flöckchen*
Saft einer ¼ Zitrone
Salz und weißer Pfeffer aus der Mühle

GAMBA-BOLOGNESE

12 Gambas, *ohne Schale und Darm*
Knoblauchöl (siehe Seite 149)
Fischgewürz (siehe Seite 149)
Gremolata (siehe Seite 149)
500 ml Krustentierfond (siehe Seite 150)
1 Zweig Thymian

Zubereitung

SCHWARZE SPAGHETTI

Die Sepiatinte mit den Eiern und dem Wasser verrühren, die restlichen Zutaten hinzugeben und zu einem glatten Teig verkneten. Diesen in Klarsichtfolie 30 Minuten lang ruhen lassen. Danach die Spaghetti mit der Nudelmaschine herstellen.

WEISSE TOMATENSAUCE

Alle Zutaten fein pürieren, die Masse in ein mit einem Passiertuch ausgelegtes Spitzsieb geben und den hellen Tomatensaft durch das Sieb laufen lassen und auffangen. Wichtig ist, dass die Masse nicht ausgedrückt wird.

Den Saft in einem Topf aufkochen, leicht mit Speisestärke abbinden, mit Olivenöl und ein paar kalten Butterflöckchen aufschlagen. Die Sauce mit Salz, Pfeffer und Zitronensaft abschmecken.

GAMBA-BOLOGNESE

Den Krustentierfond in einen Topf füllen und um etwa die Hälfte reduzieren, bis er einen kräftigen Geschmack nach Krustentieren hat.

Die Gambas in ca. 5 mm große Würfel schneiden und in einer Pfanne mit etwas Pflanzenöl scharf anbraten. Mit Fischgewürz und Knoblauchöl würzen und mit dem Krustentierfond ablöschen. Das Ganze etwas köcheln lassen, die Gremolata hinzufügen und noch einmal abschmecken.

Die Spaghetti in Salzwasser al dente kochen, in etwas Olivenöl schwenken und zusammen mit der weißen Tomatensauce und der Gamba-Bolognese anrichten.

SPAGHETTI CARBONARA

„Villa Medici“

Zutaten FÜR 4 PERSONEN

SPAGHETTI

150 g Mehl
150 g Hartweizengrieß
3 Eier
1 EL Olivenöl
1 Prise Salz

PARMESANSAUCE

40 g Schalotten, *gewürfelt*
50 g Speck, *gewürfelt*
3 Knoblauchzehen
150 ml Weißwein
200 ml Geflügelfond (siehe Seite 150)
150 ml Sahne
250 g Parmesan, *frisch gerieben*
Abrieb von 1 Limone
Salz und Cayenne-Pfeffer

4 Eigelb
400 g geklärte Butter (siehe Seite 149)

40 g Speckwürfel, *knusprig*
80 g Blattpetersilie, *in Öl gebacken*
130 g Parmesan, *frisch gerieben*

Zubereitung

SPAGHETTI

Alle Zutaten zu einem glatten Teig verkneten. Diesen in Klarsichtfolie 30 Minuten ruhen lassen. Danach mit der Nudelmaschine die Spaghetti herstellen.

PARMESANSAUCE

Speck, Schalottenwürfel und Knoblauch langsam anschwitzen, mit Weißwein ablöschen und zur Hälfte reduzieren. Geflügelfond und Sahne hinzufügen und ca. 5 Minuten köcheln lassen. Den geriebenen Parmesan nach und nach in die Sauce rühren. Durch ein Sieb passieren und nochmals mit Salz, Pfeffer und Limonenabrieb abschmecken.

Das Eigelb in der geklärten Butter flüssig pochieren.

Die Spaghetti in reichlich Salzwasser al dente kochen, in 4 Tellern auf der Parmesansauce kreisförmig anrichten und mit knusprigen Speckwürfeln, gebackener Petersilie und geriebenem Parmesan bestreuen. Zum Schluss ein pochiertes Eigelb darauf legen.

Tortelloni von der Lammschulter

IN ARTISCHOCKENFOND

mit geräuchertem Ziegenkäse

Zutaten FÜR 4 PERSONEN

NUDELTEIG

- 200 g Mehl
- 50 g Hartweizengrieß
- 1 Ei
- 6 Eier, *getrennt*
- 1 EL Olivenöl
- Salz

FÜLLUNG

- 1 Lammschulter, *ca. 800 g*
- 100 g Röstgemüse *(Sellerie, Möhren und Zwiebeln), in walnussgroße Stücke geschnitten*
- 1 EL Tomatenmark
- 200 ml Rotwein
- 1 Zweig Thymian
- 3 Zweige Rosmarin
- 1 Lorbeerblatt
- 3 Knoblauchzehen
- etwas Chilischote, *entkernt*
- 3 Schalotten
- 6 schwarze Pfefferkörner
- 6 Pimentkörner
- 500 ml Lammfond (siehe Seite 150)
- 50 g Parmesan
- 100 ml Lammjus (siehe Seite 151)
- Abrieb von 1 Limette
- Salz und schwarzer Pfeffer aus der Mühle

ARTISCHOCKENFOND

- 4 Artischockenböden
- 1 Knoblauchzehe
- 3 Schalotten
- etwas Chilischote, *entkernt*
- 2 cl Noilly Prat
- 50 ml Weißwein
- 500 ml Geflügelfond (siehe Seite 150)
- 3 Zweige Thymian
- 5 g Fenchelsamen
- Salz und schwarzer Pfeffer aus der Mühle

GERÄUCHERTER ZIEGENKÄSE

- 100 g Buchenräuchermehl
- 200 g weicher Ziegenkäse

Zubereitung

NUDELTEIG

Die 6 Eiweiß zum Bestreichen des Nudelteigs bereitstellen. Alle Zutaten zu einem glatten Teig verkneten und ca. 30 Minuten an einem kühlen Ort ruhen lassen.

FÜLLUNG

Die Lammschulter mit Salz und Pfeffer würzen und in etwas Öl anbraten. Das Röstgemüse hinzugeben und weiterrösten. Dann das Tomatenmark hinzufügen. Mit Rotwein ablöschen. Das Ganze reduzieren, die Gewürze hinzugeben und mit dem Lammfond auffüllen. Nun die Lammschulter so lange schmoren, bis sich das Fleisch leicht vom Knochen löst. Die Lammschulter herausnehmen und etwas abkühlen lassen.

Nun das Fleisch ablösen und alles durch einen Fleischwolf (feine Scheibe) drehen. Die Schalotten, den Knoblauch und den Chili in feine Brunoise schneiden und alles anschwitzen. Das abgelöste Fleisch hinzugeben und mit anschwitzen. Die Lammjus und den Parmesan hinzugeben. Alles kräftig mit Salz, Pfeffer und Limettenabrieb abschmecken und in einen Spritzbeutel füllen.

TORTELLONI HERSTELLUNG

Aus dem Nudelteig dünne Bahnen in einer Breite von ca. 10 cm ausrollen. In der Mitte der Nudelbahn die Füllung in einem Abstand von jeweils ca. 10 cm haselnussgroß aufspritzen. Die Seiten mit Eiweiß bestreichen und mit einer zweiten Teigbahn zudecken. Aus dem Teig ca. 8 cm große Formen ausstechen und die Tortelloni anfertigen.

ARTISCHOCKENFOND

Die Schalotten, den Knoblauch und den Chili in Brunoise schneiden und in einem Topf anschwitzen. Die Artischockenböden hinzugeben und mit dem Noilly Prat und dem Weißwein ablöschen. Mit dem Geflügelfond auffüllen sowie die Fenchelsamen und den Thymian hinzugeben. Nun alles leicht köcheln lassen, bis die Artischockenböden weich sind. Das Ganze leicht pürieren und durch ein feines Sieb passieren.

Den Fond noch einmal auf den Herd stellen und reduzieren bis er schön kräftig ist. Mit Salz und Pfeffer abschmecken.

GERÄUCHERTER ZIEGENKÄSE

Den Ziegenkäse in 4 Stücke schneiden und auf ein Lochblech legen. Das Räuchermehl in einen tiefen Einsatz geben und das Lochblech darauf stellen. Mit Alufolie abdecken und auf dem Herd bei schwacher Hitze langsam (ca. 10 Minuten) räuchern. Danach den geschlossenen Topf ins Freie tragen, vorsichtig öffnen und den Rauch entweichen lassen.

Die Tortelloni in reichlich Salzwasser al dente kochen, auf dem Artischockenfond anrichten und den geräucherten Ziegenkäse darüberbröseln.

Taglierini

„MEDICI“

Zutaten FÜR 4 PERSONEN

TAGLIERINI

- 150 g Mehl
- 150 g Hartweizengrieß
- 3 Eier
- 80 g Spinat, *blanchiert, gehackt und ausgedrückt*
- 1 EL Olivenöl
- 1 Prise Salz

STRAUCHTOMATENSUGO

- 1 Stange Sellerie, *in feine Streifen geschnitten*
- ¼ Fenchelknolle, *in feine Streifen geschnitten*
- 1 Chilischote, *fein geschnitten*
- 300 g Kirschstrauchtomaten
- 2 Schalotten, *in feine Würfel geschnitten*
- 1 Knoblauchzehe, *zerdrückt*
- 10 Basilikumblätter
- 4 EL Olivenöl
- Salz und schwarzer Pfeffer aus der Mühle

FRITTIERTE KRÄUTER

- 12 Salbeiblätter
- 12 Basilikumblätter
- 12 Blattpetersilienblätter
- 12 Kerbelblätter
- 12 Estragonblätter
- 100 g Butter
- 2 Knoblauchzehen, *in feine Scheiben geschnitten*

Zubereitung

TAGLIERINI

Alle Zutaten zu einem glatten Teig verkneten und in Klarsichtfolie gewickelt ca. 30 Minuten ruhen lassen. Danach mit der Nudelmaschine grüne Taglierini herstellen.

STRAUCHTOMATENSUGO

Schalotten, Fenchel, Sellerie, Chilischote und Knoblauch in Olivenöl anbraten, Tomaten dazugeben und mit Salz und Pfeffer würzen. Basilikum hinzugeben und köcheln lassen, bis eine dickflüssige Konsistenz erreicht ist.

FRITTIERTE KRÄUTER

Die Butter zum Schäumen bringen, Kräuter und Knoblauch dazugeben und kross backen.

Die Taglierini in reichlich Salzwasser al dente kochen.
Auf tiefen Tellern anrichten und mit dem Strauchtomatensugo nappieren.
Dann den Parmesankäse darüberstreuen und die frittierten Kräuter mit der Butter darauf verteilen.

Kaninchen-Agnolotti

IN CANNELLINIBOHNEN-SAUCE
mit Pecorino *und knusprigem Pancetta*

Zutaten FÜR 4 PERSONEN

NUDELTEIG FÜR TEIGTASCHEN

- 200 g Mehl
- 50 g Hartweizengrieß
- 1 Ei
- 6 Eier, *getrennt*
- 1 EL Olivenöl
- Salz

AGNOLOTTI-FÜLLUNG

- 1 Kaninchen, *ca. 1,5 kg, klein geteilt*
- 100 g Möhren, *geschält und gewürfelt*
- 100 g Zwiebeln, *geschält und gewürfelt*
- 100 g Knollensellerie, *geschält und gewürfelt*
- 1 EL Tomatenmark
- 100 ml Weißwein
- 250 ml Geflügelfond (siehe Seite 150)
- 1 Zweig Thymian
- 1 Zweig Rosmarin
- 2 Knoblauchzehen
- 2 Lorbeerblätter
- 5 Pimentkörner
- 1 EL geriebener Parmesankäse
- 1 EL frischer Ricotta
- 1 Eigelb

CANNELLINIBOHNEN-SAUCE

- 100 g Cannellinibohnen
- 3 EL Olivenöl
- 5 Salbeiblätter
- 1 Endstück Parmaschinken-Schwarte
- 1 Möhre, *in kleine Würfel geschnitten*
- 1 Stange Sellerie, *in feinen Streifen geschnitten*
- 1 Schalotte, *in kleine Würfel geschnitten*
- 2 reife Tomaten, *in grobe Würfel geschnitten*
- 300 ml Gemüsefond (siehe Seite 151)
- 2 Knoblauchzehen
- Salz und Pfeffer aus der Mühle

PANCETTA

- 4 Pancettascheiben

Zum Garnieren Olivenöl und geriebener Pecorino

Zubereitung

AGNOLOTTI

Die 6 Eiweiß zum Bestreichen des Nudelteigs bereitstellen. Alle Zutaten zu einem glatten Teig verkneten und ca. 30 Minuten kühl ruhen lassen.

AGNOLOTTI-FÜLLUNG

Das Kaninchen rundherum anbraten, das Gemüse hinzufügen, Tomatenmark unterrühren und kurz mit anrösten. Mit dem Weißwein ablöschen und etwas reduzieren. Den Fond angießen und die Gewürze dazugeben. Das Ganze 30 Minuten zugedeckt bei milder Hitze garen, bis das Fleisch schön zart ist. Zum Schluss sollte die Flüssigkeit weitestgehend eingekocht sein. Die Kaninchenteile aus dem Gemüse nehmen und soweit abkühlen lassen, bis das Fleisch gut abzulösen ist. Die Gewürze aus dem Gemüse entfernen und zusammen mit dem ausgelösten Fleisch durch den Fleischwolf drehen. Nun den Parmesan, den Ricotta und das Eigelb unterheben. Die Masse sollte nicht zu flüssig sein. Die Kaninchenmasse in einen Spritzbeutel füllen.

Den Nudelteig ausrollen. Nun die Masse in einem Abstand von ca. 10 cm haselnussgroß auf die ausgerollten Teigbahnen spritzen. Rundum mit Eiweiß bestreichen, zusammenklappen und die Agnolotti (Durchmesser 6 cm) ausstechen.

CANNELLINIBOHNEN-SAUCE

Die Bohnen über Nacht in Wasser einweichen. Vor dem Kochen das Wasser abgießen. Schalotten, Sellerie und Möhren in Öl anschwitzen, die Tomaten hinzufügen und mit dem Gemüsefond aufgießen. Bohnen, Knoblauch, Salbei und Parmaschinkenschwarte hineinlegen und das Ganze eine Stunde garen, bis die Schwarte weich ist. Schwarte entfernen. Evtl. noch mit Fond nachfüllen. ⅔ der Bohnen fein pürieren und passieren, den Rest in die Bohnensauce geben und mit Salz und Pfeffer abschmecken.

PANCETTA

Vier Pancettascheiben in einer beschichteten Pfanne ohne Fett knusprig anbraten.

Nach einer Garzeit von 5 Minuten in kochendem Salzwasser die Agnolotti auf der Bohnensauce verteilen, mit Pecorino bestreuen und diesen mit etwas Olivenöl benetzen. Das Ganze mit knuspriger Pancetta servieren.

Tipp: Überzählige Ravioli kann man gut einfrieren. Dafür die ungekochten Ravioli auf einem bemehlten Brett ausgelegen, so einfrieren und dann erst in einen Gefrierbeutel geben, so dass man sie einzeln entnehmen kann.

Makkaroni

mit Lamm-Bolognese, AUBERGINENTATAR *und gebratenen Sardellenfilets*

Zutaten FÜR 4 PERSONEN

MAKKARONI

250 g Mehl
250 g Hartweizengrieß
3 Eier
2 EL Wasser
1 EL Olivenöl
1 Prise Salz
etwas Kurkumapulver

LAMM-BOLOGNESE

300 g Fleisch von der Lammkeule, *durch den Fleischwolf gedreht (mittlere Scheibe)*
1 EL Tomatenmark
150 g Tomaten, *geschält, in Stücken*
50 g Schalotten, *gewürfelt*
10 g Knoblauch, *gewürfelt*
1 Möhre, *geschält und in feine Würfel geschnitten*
etwas Chilischote, *entkernt und gewürfelt*
1 TL Rosmarin, *fein gehackt*
1 TL Thymian, *fein gehackt*
1 Lorbeerblatt
150 ml kräftiger Rotwein
50 ml Lammfond (siehe Seite 150)
Salz und schwarzer Pfeffer aus der Mühle

AUBERGINENTATAR

4 Auberginen
1 TL Rosmarin, *fein gehackt*
1 TL Thymian, *fein gehackt*
1 TL Schalotten, *gewürfelt*
2 Knoblauchzehen
Gremolata (siehe Seite 149)
etwas Olivenöl
Salz und schwarzer Pfeffer aus der Mühle

GEBRATENE SARDELLENFILETS

12 frische Sardellenfilets
1 Knoblauchzehe, *zerdrückt*
etwas Olivenöl
etwas Chilischote, *entkernt und gewürfelt*
Abrieb von 1 Zitrone
Mehl
Fischgewürz (siehe Seite 149)

Zubereitung

MAKKARONI

Alle Zutaten in die Nudelmaschine geben, vermengen und den Teig durch die Makkaroni-Form drücken.

LAMM-BOLOGNESE

Das Lammhack in einem breiten Topf sehr scharf anbraten und kräftig mit Salz und Pfeffer würzen. Die Schalotten-, Knoblauchwürfel, die Möhre und den Chili hinzufügen. Das Tomatenmark einrühren und braun rösten. Nun nach und nach mit dem Rotwein ablöschen und Lammfond, geschälte Tomaten, Lorbeerblatt, Rosmarin sowie Thymian hinzufügen. Die Bolognese reduzieren, bis sie eine dickflüssige Konsistenz hat.

AUBERGINENTATAR

Die Auberginen halbieren und das Fruchtfleisch mit einem Messer einschneiden. Mit Salz und Pfeffer würzen sowie Rosmarin und Thymian darüberstreuen. Mit Olivenöl glasieren und bei 180 Grad 30 Minuten im Ofen garen.

Nun das Fruchtfleisch mit einem Löffel aus der Schale kratzen und fein hacken. In einem Topf die Schalotten zusammen mit dem Knoblauch in etwas Olivenöl andünsten, die Auberginenmasse hinzufügen und die restliche Flüssigkeit einköcheln. Mit Salz und Pfeffer abschmecken und die Gremolata unterheben.

GEBRATENE SARDELLENFILETS

Die Sardellenfilets putzen, mit Fischgewürz würzen und mehlieren. In einer heißen Pfanne mit Olivenöl, Knoblauch und Chili kurz anbraten und mit Zitronenabrieb verfeinern.

Die Makkaroni in reichlich Salzwasser al dente kochen. Die Nudeln spiralförmig auf den Tellern anrichten. Die Lamm-Bolognese kommt in die Tellermitte. Das Ganze mit Auberginentatar und Sardellenfilets servieren.

Tortelloni

von der Gänseleber IN KALBSVELOUTE
mit Portweingelee und Apfelspalten

Zutaten FÜR 4 PERSONEN

TORTELLONI-NUDELTEIG

- 200 g Mehl
- 50 g Hartweizengrieß
- 1 Ei
- 6 Eier, *getrennt*
- 1 EL Olivenöl
- Salz und schwarzer Pfeffer aus der Mühle

FÜLLUNG GÄNSELEBERMASSE

- 300 g frische Gänseleber, *geputzt*
- 3 cl Beerenauslese
- 2 cl weißer Portwein
- 2 cl Cognac
- 1 ½ EL Salz
- 1 Prise Zucker
- 100 g Geflügelfarce (siehe Seite 151)

KALBSVELOUTE

- 300 ml brauner Kalbsfond (siehe Seite 150)
- 50 g kalte Butter
- 3 Zweige Thymian
- 40 g Sahne, *geschlagen*
- 50 g Gänseleberterrine (siehe Seite 37)

APFELSPALTEN

- 2 Äpfel (Elstar)
- 50 g Zucker
- ½ Vanilleschote, *längs eingeschnitten*
- 40 ml Calvados
- 1 TL Butter, *gewürfelt und kalt*

PORTWEINGELEE

- 100 ml roter Portwein
- 25 ml Madeira
- 25 g Sherry Cream
- 1 Zweig Thymian
- 2 Blatt Gelatine

Zubereitung

TORTELLONI-NUDELTEIG

Die 6 Eiweiß zum Bestreichen des Nudelteigs bereitstellen. Alle Zutaten zu einem glatten Teig verkneten und ca. 30 Minuten an einem kühlen Ort ruhen lassen.

FÜLLUNG GÄNSELEBERMASSE

Alle Zutaten miteinander vermengen und vakuumieren. 24 Stunden ziehen lassen. Die Masse durch ein feines Sieb streichen, mit der Geflügelfarce mischen und in einen Spritzbeutel füllen.

TORTELLONI-HERSTELLUNG

Aus dem Nudelteig dünne Bahnen in einer Breite von ca. 10 cm ausrollen. In der Mitte der Nudelbahn die Füllung in einem Abstand von ca. 10 cm haselnussgroß aufspritzen. Die Seiten mit Eiweiß bestreichen und mit einer zweiten Teigbahn zudecken. Mit einem ca. 8 cm großen Ausstecher Formen ausstechen und Tortelloni anfertigen.

KALBSVELOUTE

Den Kalbsfond mit dem Thymian aufkochen, etwas reduzieren und passieren. Butter und Gänseleber hinzugeben und mit einem Stabmixer pürieren. Anschließend die geschlagene Sahne unterheben.

APFELSPALTEN

Die Äpfel schälen und in gleichmäßige Spalten schneiden. Den Zucker in einem Topf karamellisieren, die Butter dazugeben, die Apfelspalten darin wenden. Mit Calvados ablöschen und die Vanilleschote zum Parfümieren hinzugeben.

PORTWEINGELEE

Portwein, Madeira, Sherry und Thymian aufkochen und die eingeweichte Gelatine darin auflösen. Das Ganze passieren und in eine Form gießen. Nach dem Erkalten in gleichmäßige Würfel schneiden.

Die Tortelloni in reichlich Salzwasser al dente kochen, in der Kalbsvelouté schwenken und mit den Apfelspalten und dem Portweingelee servieren.

Zitronen-Ravioli

IN GRÜNER ERBSENSAUCE
mit Langostinos

Zutaten FÜR 4 PERSONEN

RAVIOLI-NUDELTEIG

200 g	Mehl
50 g	Hartweizengrieß
1	Ei
6	Eier, *getrennt*
1 EL	Olivenöl
	Salz

RAVIOLIFÜLLUNG

2	Zitronen
	Abrieb von 2 Zitronen
80 g	fester Ricotta
80 g	weicher Ricotta
1 Scheibe	Toast
1 Zweig	Thymian
	etwas Speisestärke, *angerührt*
	Salz und weißer Pfeffer aus der Mühle

GRÜNE ERBSENSAUCE

300 g	frische Erbsen
1 EL	Schalotten, *fein gewürfelt*
	etwas Knoblauchöl (siehe Seite 149)
	etwas Chilischote, *entkernt und gewürfelt*
80 ml	Geflügelfond (siehe Seite 150)
50 ml	Sahne
10	Minzblätter
20 g	Butter
	Muskat
	Salz und weißer Pfeffer aus der Mühle

LANGOSTINOS

4	Langostinos
100 ml	Hummeröl (siehe Seite 149)
	Fischgewürz (siehe Seite 149)
1 Zweig	Estragon
1 Zweig	Thymian

Zubereitung

RAVIOLI-NUDELTEIG

Die 6 Eiweiß zum Bestreichen des Nudelteigs bereitstellen. Alle Zutaten zu einem glatten Teig verkneten und ca. 30 Minuten an einem kühlen Ort ruhen lassen.

RAVIOLIFÜLLUNG

Die Zitronen auspressen, den Saft mit dem Thymian auf dem Herd reduzieren und mit Speisestärke leicht abbinden. Beide Ricottasorten und den Zitronenabrieb mit dem Toast im Thermo-Mixer pürieren. Langsam den Zitronenfond dazugeben. Mit Salz und Pfeffer abschmecken.

RAVIOLI-HERSTELLUNG

Aus dem Nudelteig dünne Bahnen in einer Breite von ca. 10 cm ausrollen. In der Mitte der Nudelbahn die Füllung in einem Abstand von ca. 10 cm aufspritzen. Die Seiten mit Eiweiß bestreichen und mit einer zweiten Teigbahn zudecken. Die Ravioli mit einem ca. 8 cm großen Ausstecher anfertigen.

GRÜNE ERBSENSAUCE

200 g Erbsen mit den Schalotten und dem Chili in Butter anschwitzen. Knoblauchöl und Geflügelfond hinzugeben und etwas köcheln lassen. Nun die Sahne und die Minzblätter hinzugeben und alles im Thermo-Mixer fein pürieren, dann passieren und mit Salz, Pfeffer und Muskat abschmecken.

Die restlichen 100 g Erbsen blanchieren und kurz in brauner Butter anschwitzen. Mit Salz, Pfeffer und Muskat würzen.

LANGOSTINOS

Die Langostinos aus der Schale brechen und den Darm entfernen. Mit dem Fischgewürz würzen. Das Öl mit den Kräutern auf 40 Grad erhitzen und die Langostinos ca. 3 Minuten ziehen lassen.

Die Ravioli in reichlich kochendem Salzwasser ungefähr 5 Minuten al dente kochen. Danach auf der Sauce zwischen den Langostinos und den Erbsen anrichten.

Lasagnette

VON SEEZUNGE
und Artischocke

Zutaten FÜR 4 PERSONEN

GELBER NUDELTEIG

200 g Mehl
50 g Hartweizengrieß
1 Ei
6 Eigelb
1 TL Kurkuma
1 EL Olivenöl
Salz

GRÜNER NUDELTEIG

200 g Mehl
50 g Hartweizengrieß
1 Ei
5 Eigelb
50 g Blattspinat, *blanchiert, gehackt und ausgedrückt*
1 EL Olivenöl
Salz

NUDELPLATTEN

200 g gelber Nudelteig
160 g grüner Nudelteig
50 ml Eiweiß

SEEZUNGE

400 g Seezungenfilet
50 ml geklärte Butter (siehe Seite 149)
1 Scheibe Ingwer
etwas Zitronensaft
etwas Mehl
Fischgewürz (siehe Seite 149)

ARTISCKOCKEN-SAUCE

300 ml Artischocken-Fond (siehe Seite 150)
100 ml Sahne

ARTISCHOCKENGEMÜSE

6 Poivraden (kleine Artischocken), *geputzt*
100 g grüne Bohnenkerne, gedöppt
40 g Gemüsewürfel *(Petersilienwurzel, Möhre, Lauch, Staudensellerie)*
50 ml Olivenöl
etwas Gremolata (siehe Seite 149)
20 g Schalotten, *gewürfelt*
5 g Knoblauch, *gewürfelt*
etwas Chilischote, *entkernt und gewürfelt*
Piment d'Espelette
Salz

Zubereitung

GELBER NUDELTEIG

Alle Zutaten zu einem glatten Teig verkneten und ca. 30 Minuten an einem kühlen Ort ruhen lassen.

GRÜNER NUDELTEIG

Alle Zutaten zu einem glatten Teig verkneten und ca. 30 Minuten an einem kühlen Ort ruhen lassen.

NUDELPLATTEN

Beide Teigsorten mit Hilfe einer Nudelmaschine auf 0,5 cm dicke Teigbahnen ausrollen. Aus den gelben Teigbahnen 3 gleichmäßige Platten schneiden und aus den grünen Teigbahnen 2.

Die Platten abwechselnd aufeinander legen und jede Platte mit leicht angeschlagenem Eiweiß bestreichen, damit sie zusammenkleben.

Die Teigplatten, wenn möglich vakuumiert, ca. 12 Stunden im Kühlschrank ruhen lassen. Danach mit der Nudelmaschine zweifarbige, dünne Lasagnette-Platten ausrollen.

SEEZUNGE

Die Seezungenfilets in 8 gleichmäßig große Stücke schneiden, würzen und mehlieren. Die geklärte Butter in einer Pfanne erhitzen, Ingwer hinzufügen und die Seezungefilets goldgelb anbraten. Zum Schluss noch etwas Zitronensaft darüber träufeln.

ARTISCKOCKEN-SAUCE

Den Artischocken-Fond aufkochen, die Sahne hinzugeben und etwas reduzieren lassen.

ARTISCHOCKENGEMÜSE

Die geputzten Artischocken auf der Aufschnittmaschine oder mit einem sehr scharfen Messer in feine Scheiben schneiden.

In einer Sauteuse in Olivenöl anschwenken. Schalotten, Knoblauch und Chili hinzufügen und mit Salz und Piment d'Espelette würzen. Zum Schluss die gedöppten Bohnenkerne und die Gemüsewürfel hinzugeben. Noch einmal abschmecken und mit Gremolata verfeinern.

Die Lasagnette-Platten in reichlich kochendes Salzwasser legen und 2 Minuten kochen. Danach gut abtropfen lassen und abwechselnd mit den Seezungenfilets, dem Artischockengemüse und der Sauce anrichten.

Livorneser

Caciucco

MIT SAFRAN
und Knoblauch-Crostini

Zutaten FÜR 4 PERSONEN

CACIUCCO

- 4 Rotbarbenfilets
- 8 Jakobsmuscheln, *ausgelöst*
- 4 Loup de mer-Filets *à 40 g*
- 4 Seezungencarrée *à 60 g*
- 20 Vongole veraci
- 300 g Fenchel, *gewürfelt*
- 80 g Staudensellerie, *gewürfelt*
- 50 g Möhre, gewürfelt
- 70 g Lauch, *nur das Weiße, gewürfelt*
- 2 Schalotten, *fein gewürfelt*
- 40 g Petersilienwurzel, *fein gewürfelt*
- 3 Champignons
- 3 Tomaten, *gewürfelt*
- etwas Chilischote, *entkernt und gewürfelt*
- 50 ml Weißwein
- etwas Olivenöl
- 1 l Fischfond (siehe Seite 150)
- Safranfäden
- 100 ml geklärte Butter (siehe Seite 149)
- Fischgewürz (siehe Seite 149)
- Mehl
- Salz
- Cayennepfeffer

KNOBLAUCH-CROSTINI

- 4 Baguette-Scheiben
- 1 EL Mayonnaise
- etwas geklärte Butter (siehe Seite 149)
- 1 Knoblauchzehe
- etwas Gremolata (siehe Seite 149)
- 1 Limette

Zubereitung

CACIUCCO

Alle Gemüsesorten zusammen in einem Topf mit etwas Olivenöl und Chili glasig anschwitzen. Mit Weißwein und Fischfond ablöschen und um die Hälfte reduzieren. Durch ein feines Sieb passieren und mit Salz und Cayennepfeffer abschmecken. Die Safranfäden 1 Minute vor dem Anrichten hinzugeben.
Die Fischfilets mit Fischgewürz würzen und ein wenig mehlieren. Die Seezunge sowie den Loup de mer ca. 3 Minuten in geklärter Butter braten. Für die Rotbarben und die Jakobsmuscheln reichen etwa 2 Minuten Bratzeit. Die Vongole sollten in einen separaten Topf mit ein wenig Weißwein gekocht werden, bis sie sich öffnen.

KNOBLAUCH-CROSTINI

Das Baguette in einer Pfanne mit geklärter Butter anrösten, bis es goldgelb ist. Den Knoblauch in Würfel schneiden und leicht anschwitzen. Zusammen mit der Gremolata zu der Mayonnaise hinzufügen und mit Limettenabrieb verfeinern.

Zum Anrichten den Fisch in den Cacciucco verteilen und die Crostini separat servieren.

Geräucherte

Paprika-Essenz

MIT TATAR VOM LOUP DE MER

und Basilikumeis

Zutaten FÜR 4 PERSONEN

PAPRIKA-ESSENZ

1 kg	rote Paprikaschoten
150 g	Gemüsewürfel *(Möhre, Staudensellerie, Petersilienwurzel, Schalotten und Knoblauch)*
750 ml	Geflügelfond (siehe Seite 150)
250 g	passierte Tomaten
5 g	Fenchelsamen
5 g	Koriandersamen
3	Lorbeerblätter
2 Zweige	Zitronenthymian
20 g	geräuchertes Paprikapulver
180 ml	Eiweiß
	etwas Zucker
	Fleur de Sel

LOUP DE MER

240 g	Loup de mer-Filet, *ohne Haut*
50 ml	Limonenöl (siehe Seite 149)
	Räuchersalz (siehe Seite 149)
	Abrieb von 1 Limette

BASILIKUM-EIS

175 ml	Milch
100 ml	Sahne
400 g	Basilikum-Blätter
60 g	Eigelb
15 g	Zucker
	Fleur de Sel

Zubereitung

PAPRIKA-ESSENZ

Die Paprikaschoten putzen und im Thermo-Mixer zu einem Saft pürieren. Den Geflügelfond mit den Gemüsewürfeln, den passierten Tomaten, den Gewürzen, dem Paprikasaft und dem Eiweiß in einen Topf geben. Bei schwacher Hitze langsam zum Köcheln bringen. 30 Minuten ziehen lassen und langsam durch ein feines Passiertuch abgießen. Zum Schluss den geklärten Paprikafond zu einer Essenz reduzieren und schließlich mit Fleur de Sel und Zucker abschmecken.

LOUP DE MER

Den Loup de mer in feine, gleichmäßige Würfel schneiden und mit dem Räuchersalz würzen. Limonenöl und Abrieb hinzugeben und evtl. nochmals mit dem Räuchersalz abschmecken. Den Loup de mer in 4 Portionen teilen und jeweils in einen Metallring (5 cm Durchmesser) hineinformen.

BASILIKUM-EIS

Milch und Sahne erhitzen, Basilikum dazugeben und im Thermo-Mixer fein mixen. Danach durch ein Haarsieb passieren. Eigelb und Zucker auf einem Wasserbad aufschlagen, die lauwarme Basilikum-Masse hineinrühren und zur Rose abziehen. Zum Schluss etwas Fleur de Sel hinzugeben und in der Eismaschine gefrieren lassen.

Das Tatar vom Loup de mer in einen tiefen Teller geben, eine kleine Nocke Basilikum-Eis darauf legen und die Essenz vorsichtig so anrichten, dass das Eis mit der Essenz nicht in Berührung kommt. Das Eis kann auch auf einem separaten Löffel serviert werden.

Hummer-Consommé

MIT EIGENEN RAVIOLI

Zutaten FÜR 4 PERSONEN

CONSOMME

- 2 Atlantik-Hummer, *à 500 g*
- 1 Gemüsestrauch *(Lauch, Fenchel, Möhre, Petersilienwurzel, Staudensellerie)*
- 30 g Salz
- 70 g Gemüsewürfel *(Lauch, Fenchel, Möhre, Petersilienwurzel, Staudensellerie)*
- 10 Champignons
- 1 Stange Zitronengras
- 500 g Tomaten, *geschält*
- 1 EL Tomatenmark
- 500 ml Hummerfond (siehe Seite 150)
- 200 ml Geflügelfond (siehe Seite 150)
- 50 g Ingwer
- 3 Lorbeerblätter
- 2 Zweige Thymian
- 40 g Fenchelsamen
- etwas Chilischote, *entkernt und gewürfelt*
- 1 EL Olivenöl
- 200 ml Eiweiß
- etwas Zucker
- Fleur de Sel

HUMMER-RAVIOLI

- 100 g zweifarbiger Nudelteig (siehe Seite 148)
- 200 g Hummerfarce (siehe Seite 151)
- Eiweiß zum Bestreichen

- 1 l Hummerfond, *zum Erwärmen der Hummerschwänze*

Zubereitung

CONSOMME

Den Gemüsestrauch und 30 g Salz in einem großen Topf mit 5 l Wasser aufkochen. Die Hummer kopfüber in das kochende Wasser legen und ca. 4 Minuten sieden. Danach herausnehmen, die Scheren abtrennen und die Hummer weitere 2 Minuten in das Wasser legen. Danach in Eiswasser abschrecken und zerlegen. Die Hummerschwänze halbieren und als Einlage für die Consommé beiseite legen.

Die Karkassen säubern und mit Olivenöl, Chili, Gemüsewürfeln, Champignons und Zitronengras anrösten. Tomatenmark und geschälte Tomaten hinzugeben. Mit den beiden Fonds auffüllen und Eiweiß, Gewürze und Kräuter hinzugeben. Das Ganze bei schwacher Hitze langsam köcheln. Eine Stunde lang ziehen lassen und durch ein Tuch passieren. Zum Schluss den geklärten Hummerfond zu einer Consommé reduzieren und ggf. mit Fleur de Sel und Zucker abschmecken.

HUMMER-RAVIOLI

Aus dem Nudelteig dünne Bahnen in einer Breite von ca. 5 cm ausrollen. Die Hummerfarce in einen Spritzbeutel füllen und im Abstand von jeweils 5 cm in die Mitte der Nudelbahn spritzen. Die Seiten mit Eiweiß bestreichen und mit einer zweiten Teigbahn zudecken. Mit einem Ausstecher (ca. 4 cm) die Ravioli anfertigen. In kochendem Salzwasser al dente kochen.

Die Hummerschwänze in ein wenig Fond erwärmen und mit der Consommé auf dem Teller anrichten.

SECOND

Villa Medici

Karree von der Seezunge

mit brauner Butter *an Zitronenpüree*

UND LAUWARMEM SPINATSALAT

Zutaten FÜR 4 PERSONEN

SEEZUNGE

2 Seezungen, *à 1 kg*
Fischgewürz (siehe Seite 149)
Mehl
20 ml geklärte Butter (siehe Seite 149)
20 g Butter, *gewürfelt*
1 TL Kapernbeeren
etwas Zitronensaft

ZITRONENPÜREE

350 g mehlige Kartoffeln, *geschält*
50 ml Sahne
80 g kalte Butter
70 g Zitronen, *kandiert und in feine Brunoise geschnitten*
Abrieb von 2 Zitronen
Muskat
Salz

LAUWARMER SPINATSALAT

80 g Spinat, *gewaschen und geschleudert*
5 g Pinienkerne, *geröstet*
30 ml Olivenöl
15 ml heller Balsamico-Essig
1 g Salz
½ TL brauner Zucker
¼ TL Piment d'Espelette
Maldon Salz

Zubereitung

SEEZUNGE

Die Seezungen enthäuten, putzen und aus dem Mittelstück senkrecht jeweils 2 Stücke mit einer Breite von je 6 cm schneiden. Die oberen Filets filetieren, so dass ein Karree entsteht. Diese Filets können separat angebraten werden und zum Gericht gereicht werden. Die 4 Seezungenkarrees mit dem Fischgewürz würzen und mehlieren. In einer Pfanne mit geklärter Butter von beiden Seiten goldbraun braten. Kurz bevor der Fisch aus der Pfanne genommen wird, die frische Butter und die Kapern hinzufügen und die Butter aufschäumen, bis sie ein leichtes Nussaroma bekommt. Vor dem Anrichten die Seezunge mit etwas Zitronensaft beträufeln.

ZITRONENPÜREE

Die Kartoffeln im Salzwasser gar kochen, abgießen und im Topf ausdämpfen lassen. Die Kartoffeln durch eine Kartoffelpresse drücken und anschließend durch ein Sieb streichen.

Die Sahne mit der Butter erwärmen und mit der kandierten Zitronen-Brunoise zu dem Kartoffelpüree geben. Alles vorsichtig vermengen und mit Salz, Muskat und Zitronenabrieb abschmecken.

LAUWARMER SPINATSALAT

Alle Zutaten bis auf den Spinat miteinander vermengen und unter ständigem Rühren kurz erwärmen. Die feinen Spinatblätter erst zum Schluss hineingeben und mit Maldon Salz abschmecken.

Gebratene Rotbarbe

IN FENCHELGLACE *mit Salsiccia*
und grünem Spargel

Zutaten FÜR 4 PERSONEN

ROTBARBE

4 Doppelfilets von der Rotbarbe, *à 120 g, entschuppt und entgrätet*
Fischgewürz (siehe Seite 149)
20 ml geklärte Butter (siehe Seite 149)
etwas Backpapier

FENCHELGLACE

2 Fenchelknollen
1 EL Olivenöl
200 ml Fischfond (siehe Seite 150)
2 Zweige Zitronenthymian
10 ml Pernod
5 g Fenchelsamen
10 Safranfäden
50 ml Olivenöl
Salz
Cayennepfeffer

GRÜNER SPARGEL

50 g Salsiccia, *gewürfelt*
20 Stangen grüner Spargel, *geschält und blanchiert*
70 g Butter
Zucker
Saft von einer ½ Zitrone
Salz

Zubereitung

ROTBARBE

Die Rotbarben würzen. Das Backpapier in eine Pfanne legen und die geklärte Butter darauf geben. Das Filet hineinlegen und von beiden Seiten leicht garen.

FENCHELGLACE

Den Fenchel in kleine Würfel schneiden. Das Olivenöl in einem Topf erhitzen und den Fenchel mit Fenchelsamen und Zitronenthymian anschwitzen. Mit Pernod und Fischfond ablöschen und einköcheln lassen.

Im Mixer fein pürieren und durch ein Spitzsieb in einen Topf passieren. Mit Salz, Safranfäden und Cayennepfeffer abschmecken und das Olivenöl darunterschlagen.

GRÜNER SPARGEL

Die Salsiccia-Würfel in eine beschichtete Pfanne geben und ohne Fett langsam auslassen. Die Butter und den Spargel hinzugeben, mit Salz und Zucker würzen, mit Zitronensaft verfeinern und ca. 2 Minuten ziehen lassen.

Loup de mer

in Olivenöl-Emulsion *mit Bulgur* UND GARTENERBSEN

Zutaten FÜR 4 PERSONEN

LOUP DE MER

4 Filets	wilder Loup de mer *à 140 g*
	Fischgewürz (siehe Seite 149)
	Mehl
20 ml	geklärte Butter (siehe Seite 149)
	etwas Chilischote, *entkernt und gewürfelt*
1 Scheibe	Ingwer

OLIVENÖL-EMULSION

30 ml	Olivenöl
15 ml	heller Balsamico-Essig
1 g	Salz
½ TL	brauner Zucker
¼ TL	Piment d'Espelette

BULGUR

150 g	Bulgur
150 ml	Geflügelfond (siehe Seite 150)
½ TL	Ras el Hanout
	Maldon Salz
1	Messerspitze Currypulver
	weißer Pfeffer aus der Mühle

GARTENERBSEN

500 g	frische Erbsen, *blanchiert*
5 Blätter	Minze, *in Julienne geschnitten*
	Muskat
	Salz

Zubereitung

LOUP DE MER
Den Loup de mer würzen, mehlieren und mit der Hautseite nach unten in eine Pfanne mit geklärter Butter legen. Die Filets leicht beschweren und bei schwacher Hitze langsam goldbraun anbraten. Nun den Ingwer und den Chili hinzugeben, den Fisch umdrehen und gar ziehen lassen.

OLIVENÖL-EMULSION
Alle Zutaten, bis auf das Öl, miteinander vermengen und unter ständigem Rühren erwärmen. Anschließend mit dem Öl eine Emulsion anrühren.

BULGUR UND GARTENERBSEN
Den Geflügelfond mit Ras el Hanout, Curry, Maldon Salz und gemahlenem Pfeffer in einen Topf geben und zum Kochen bringen. Den Bulgur hinzufügen, vom Herd nehmen und 10-15 Minuten zugedeckt quellen lassen. Die Erbsen zum Bulgur geben und mit der Minz-Julienne verfeinern. Mit Muskat und Salz abschmecken.

Den Loup de mer auf dem Bulgur anrichten und mit der Olivenöl-Emulsion servieren.

Seteufel IN MANDELSCHAUM

mit Orangen-Oliven-Ragout

an knusprigem Blumenkohl-Cannellone

Zutaten FÜR 4 PERSONEN

SEETEUFEL

4 Seeteufel-Filets *à 150 g*
Mandelsalz (siehe Seite 149)
geklärte Butter (siehe Seite 149)
etwas Mandelöl (siehe Seite 149)
1 Zweig Thymian

MANDELSCHAUM

100 g Mandelstifte
20 g Mandelöl (siehe Seite 149)
200 ml Fischfond (siehe Seite 150)
30 g Butter, *kalt und gewürfelt*
Fleur de Sel
etwas Muskat

ORANGEN-OLIVEN-RAGOUT

4 Orangen, *Abrieb, Filets und Saft*
12 Taggiasca Oliven
20 ml heller Balsamico-Essig
25 g brauner Zucker
60 ml Geflügelfond, *leicht abgebunden* (siehe Seite 150)
50 ml Olivenöl
Fleur de Sel
Piment d'Espelette

BLUMENKOHL-CANNELLONI

1 Blumenkohl
½ Zitrone
60 g Butter, *kalt und gewürfelt*
Spritzer Olivenöl
etwas Zucker
etwas Muskat
2 Blätter Filoteig
1 Metallring *(1 cm Durchmesser)*
etwas geklärte Butter (siehe Seite 149)
etwas Zitronensalz

Zubereitung

SEETEUFEL

Den Seeteufel würzen und in einer Pfanne mit geklärter Butter, Mandelöl und Thymian auf schwacher Hitze leicht anbraten. Den Fisch herausnehmen und bei 100 Grad im Ofen 3 Minuten gar ziehen lassen.

MANDELSCHAUM

Die Mandelstifte in einem Topf mit dem Mandelöl anrösten. Mit dem Fischfond ablöschen und zu einem Viertel reduzieren. Im Mixer pürieren und durch ein Sieb passieren.

Mit Fleur de Sel und Muskat abschmecken und die kalten Butterwürfel unterrühren.

ORANGEN-OLIVEN-RAGOUT

Balsamico-Essig, Orangensaft, Zucker und Geflügelfond miteinander vermengen und leicht erwärmen. Das Olivenöl unterschlagen und mit Fleur de Sel, Piment d'Espelette und Orangenabrieb abschmecken. Die Orangenfilets mit den Oliven in der Vinaigrette vermengen.

BLUMENKOHL-CANNELLONI

Den Strunk des Blumenkohls heraustrennen und in kleine Röschen schneiden. Die Röschen im leicht gesalzenen Zitronenwasser gar kochen, das Wasser abgießen und im Topf ein paar Minuten ausdämpfen lassen. Nun im Thermo-Mixer mit der kalten Butter pürieren und mit Zitronensalz, Muskat, Zucker und etwas Olivenöl abschmecken.

Den Filoteig in 1 cm breite und 5 cm lange Streifen schneiden, mit geklärter Butter bepinseln und um den Metallring rollen. Ca. 4 Minuten bei 160 Grad im Ofen backen. Nun den Metallring entfernen.

Zum Anrichten das Blumenkohlpüree mit einem Spritzbeutel in die Cannelloni hineinspritzen.

Calzone vom Steinbutt

in kräftigem Tomatensugo

MIT SPINATCREME

Zutaten FÜR 4 PERSONEN

STEINBUTT-CALZONE

- 4 Steinbuttfilets *à 120 g*
- 100 g Hummerfarce (siehe Seite 151)
- 20 Spinatblätter, *blanchiert*
- 2 Tomaten, *gehäutet und entkernt, in feine Filets geschnitten*
- 400 g Pizzateig (siehe Seite 149)
- Fischgewürz (siehe Seite 149)
- etwas Olivenöl

TOMATENSUGO

- 1 EL Schalotten, *gewürfelt*
- 2 EL Gemüsewürfel *(Fenchel, Lauch, Möhre, Petersilienwurzel, Staudensellerie)*
- 20 ml Olivenöl
- 1 EL Tomatenmark
- 4 cl Weinbrand
- 100 ml Hummerfond (siehe Seite 150)
- etwas Chilischote, *entkernt und gewürfelt*
- 500 g geschälte Tomaten *(Dose)*
- Ingwer, *fein gerieben*
- 2 Zweige Thymian
- 1 Zweig Basilikum
- etwas Knoblauchöl (siehe Seite 149)
- Fleur de Sel
- Zucker

SPINATCREME

- 200 g Spinat, *blanchiert*
- 50 g Butter, *gewürfelt*
- 100 ml Geflügelfond (siehe Seite 150)
- 1 TL Pinienkerne, *geröstet*
- Muskatnuss
- Salz

Zubereitung

STEINBUTT-CALZONE

Den Steinbutt würzen, die Oberseite mit Hummerfarce bestreichen, Tomatenfilets darauf legen und alles mit den Spinatblättern ummanteln. Den Pizzateig hauchdünn ausrollen und auf den Steinbutt legen. Den Teig mit Olivenöl einpinseln und bei 210 Grad 5 Minuten backen. Aus dem Ofen nehmen, ruhen lassen und unter dem Salamander oder im Backofen-Grill goldgelb gratinieren.

TOMATENSUGO

Die Schalotten- und die Gemüsewürfel mit dem Olivenöl in einem Topf anschwitzen, Tomatenmark hinzugeben, mit dem Weinbrand und dem Hummerfond ablöschen. Gewürze, Ingwer, geschälte Tomaten und Kräuter hinzufügen. Alles bis auf die Hälfte reduzieren und durch ein feines Sieb passieren. Mit Fleur de Sel und Zucker abschmecken.

SPINATCREME

Alle Zutaten im Thermo-Mixer bei 60 Grad pürieren und mit Salz und Muskat abschmecken.

Steinbutt-Calzone durchschneiden, auf die Spinatcrème legen und mit Tomatensugo servieren.

GRATINIERTES

Steinbuttfilet

unter der Olivenkruste

an Artischocken-Brandade

Zutaten FÜR 4 PERSONEN

GRATINIERTER STEINBUTT

4 Steinbutt-Filets *à 140 g*
geklärte Butter (siehe Seite 149)
Fischgewürz (siehe Seite 149)
Olivenkruste (siehe Seite 152)

ARTISCHOCKEN-BRANDADE

125 g Stockfisch
½ l Vollmilch
2 Knoblauchzehen
1 Lorbeerblatt
1 große Artischocke, *geputzt*
2 EL Olivenöl
1 Schalotte, *in kleine Würfel geschnitten*
½ Chilischote, *entkernt und gewürfelt*
150 g mehlige Kartoffeln, *geschält*
50 ml Olivenöl
Saft von ½ Zitrone
Salz und weißer Pfeffer aus der Mühle

SCHWARZES ÖL

100 g schwarze Oliven, *getrocknet*
20 ml Traubenkernöl
10 g Walnussöl
70 g Olivenöl

Zubereitung

GRATINIERTER STEINBUTT

Den Steinbutt würzen und auf schwacher Hitze in einer Pfanne mit geklärter Butter glasig anbraten. Die Olivenkruste dünn aufschneiden, auf den Steinbutt legen und unter dem Salamander oder im Backofen (Grillstufe) gratinieren.

ARTISCHOCKEN-BRANDADE

Den Stockfisch mindestens drei Tage vor der Zubereitung in kaltem Wasser einweichen. Das Wasser mindestens einmal täglich wechseln.

Die Milch, den Lorbeer und den Knoblauch aufkochen, den gewässerten Stockfisch hineinlegen und vom Herd ziehen. So lange in der heißen Milch liegen lassen, bis der Fisch fast zerfällt. Herausnehmen und Haut und Gräten entfernen.

Die Artischocke in Olivenöl anbraten und mit Salz und Pfeffer würzen. Dann die Schalotten und den Chili dazugeben. Den Stockfisch hinzufügen und gut durchrühren. Etwas von der Milch hinzugießen und einkochen lassen.

Die Kartoffeln kochen und anschließend mit einer Kartoffelpresse in die Stockfisch-Masse pressen. Olivenöl und Zitronensaft unterrühren und evtl. mit Salz abschmecken.

SCHWARZES ÖL

Alle Zutaten in einen Mixer geben, fein pürieren und zum Steinbutt servieren.

Confiertes

Heilbuttfilet

MIT ZITRONENGELEE

und Tintenfisch-Risotto

Zutaten FÜR 4 PERSONEN

WEISSER HEILBUTT

4 Filets von weißem Heilbutt *à 120 g*
300 ml Olivenöl
2 g Fenchelsamen
2 g Koriandersamen
2 Zweige Thymian
1 Knoblauchzehe
Fischgewürz (siehe Seite 149)
1 Stange Zitronengras
Maldon Salz

ZITRONENGELEE

4 Zitronen
2 Zweige Thymian
200 ml Fischfond (siehe Seite 150)
6 Blatt Gelatine
1 TL Honig

MEERESFRÜCHTE

4 Calamaretti, *geputzt und in Ringe geschnitten, Tentakel im Ganzen lassen*
60 g Pulpo, *gekocht und fein gewürfelt*
Knoblauchöl (siehe Seite 149)
etwas Olivenöl
Piment d'Espelette

TINTENFISCH-RISOTTO

200 g Risotto-Reis (Carnaroli Aquerello)
80 ml trockener Weißwein
25 g Schalotten, *gewürfelt*
2 Knoblauchzehen
1 EL Sepiatinte
2 EL Olivenöl
Abrieb von 1 Zitrone
750 ml Fischfond (siehe Seite 150)
50 g Butter, *gewürfelt*
50 g Parmesan, *frisch gerieben*
Salz und schwarzer Pfeffer aus der Mühle

Zubereitung

WEISSER HEILBUTT
Alle Zutaten bis auf den Fisch in einem Topf auf 65 Grad erwärmen. Dann die Heilbutt-Filets würzen, hineinlegen und ca. 12 Minuten confieren.

ZITRONENGELEE
Die Zitronen auspressen und mit Fischfond, Honig und Thymian zur Hälfte reduzieren. Die Gelatine in kaltem Wasser einweichen, ausdrücken und im Fischfond auflösen. Alles durch ein Sieb passieren und auf ein flaches Blech gießen. Die Masse erkalten lassen und portionieren.

MEERESFRÜCHTE
Calamaretti und Pulpo kurz in Olivenöl anbraten und mit Knoblauchöl, Fischgewürz und Piment d'Espelette würzen.

TINTENFISCH-RISOTTO
Den Fond mit der Sepiatinte erhitzen und siedend halten. In einen zweiten Topf das Olivenöl, die Schalotten und den Knoblauch glasig andünsten, den Reis hinzufügen und mit einem Holzlöffel so lange rühren, bis er vom Öl überzogen ist. Mit dem Weißwein ablöschen, verdampfen lassen und unter ständigem Rühren nach und nach den Fond hinzufügen, bis der Reis cremig und weich, aber noch körnig ist. Nach ca. 20 Minuten den Topf vom Herd nehmen und Butter, Parmesan, Zitronenabrieb, Calamaretti-Ringe und Pulpo unterrühren. Das Risotto mit Salz und Pfeffer abschmecken.

Das Zitronengelee in dünnen Streifen auf den Heilbutt legen und mit dem Risotto servieren. Die Tentakel von den Calamaretti auf dem Risotto garnieren.

Milchferkelrücken

in Portwein-Schalottensauce

MIT SALBEI-GNOCCHI

Zutaten FÜR 4 PERSONEN

MILCHFERKELRÜCKEN

1	Milchferkelsattel
1 Zweig	Rosmarin
1 Zweig	Thymian
1	Knoblauchzehe
	etwas Olivenöl
	Salz und schwarzer Pfeffer aus der Mühle

PORTWEIN-SCHALOTTENSAUCE

8	Schalotten, *geschält*
800 ml	dunkler Portwein
2 Zweige	Thymian
1	Lorbeerblatt
20 g	Zucker
200 ml	Kalbsjus (siehe Seite 151)

SALBEI-GNOCCHI

250 g	mehlige Kartoffeln, *geschält*
50 g	Mehl
5 g	Parmesan
2	Eigelb
10	Salbeiblätter
1	Knoblauchzehe
	etwas geklärte Butter (siehe Seite 149)
	Muskat
	Salz

Zubereitung

MILCHFERKELRÜCKEN
Die Knochen von der Wirbelsäule trennen und das Rückenstück herauslösen. Die Schwarte von Fleischresten entfernen, mit Salz einreiben und 2 Stunden lang ziehen lassen. Die Schwarte nach dem Salzen in dünne Streifen schneiden. Dann zwischen zwei Lagen Backpapier im Ofen bei 180 Grad kross backen. Den Milchferkelrücken parieren und die Knochen sauber putzen. Mit Salz und Pfeffer würzen und in einer Pfanne mit Olivenöl, Rosmarin, Thymian und Knoblauch anbraten. Danach bei 110 Grad ca. 5 Minuten im Ofen fertig garen.

PORTWEIN-SCHALOTTENSAUCE
Den Zucker im Topf karamellisieren und mit dem Portwein ablöschen. Die Schalotten, den Thymian und das Lorbeerblatt hinzufügen und einkochen, bis eine zähflüssige Masse entsteht. Nun den Kalbsjus auffüllen.

SALBEI-GNOCCHI
Kartoffeln in Salzwasser weich kochen, abdämpfen lassen und durch die Kartoffelpresse drücken. Eigelb und Parmesan hinzugeben und zu einer geschmeidigen Masse vermengen. Nach und nach das Mehl hinzugeben, mit Salz und Muskat abschmecken und alles miteinander vermengen. Nun den Teig zu einer dünnen Rolle formen, kleine Kugeln ausstechen und mit Hilfe einer Gabel als Gnocchi formen. Diese in Salzwasser kochen und gut abtropfen lassen.

Den Salbei in feine Julienne schneiden und in einer Pfanne mit geklärter Butter und der Knoblauchzehe auslassen. Die Gnocchi darin goldgelb braten.

Den Milchferkelrücken in 4 Stücke teilen, aufrecht auf einen Saucenspiegel setzen und mit der Schwarte garnieren.

Rinderfilet mit Gänseleber

AN ROTWEINBUTTER mit Bohnenstreifen

und Polenta-Sticks

Zutaten FÜR 4 PERSONEN

RINDERFILET MIT GÄNSELEBER

- 2 Rinderfiletmedaillons, *à 240 g*
- 4 Gänseleberscheiben
- etwas Pflanzenöl
- Fleur de Sel
- Mehl
- Salz und schwarzer Pfeffer aus der Mühle

ROTWEINBUTTER

- 1 l kräftiger Rotwein *(Barolo)*
- 5 g Senfkörner
- 5 g schwarze Pfefferkörner
- 2 g Wacholderbeeren
- 3 Pimentkörner
- 3 Lorbeerblätter
- 2 Zweige Rosmarin
- Zucker
- 50 g Butter, *kalt und gewürfelt*
- Salz

BOHNENSTREIFEN

- 200 g Keniabohnen, *geputzt und blanchiert*
- 1 Schalotte
- 20 g Butter
- 1 Knoblauchzehe
- etwas Chilischote, *entkernt*
- etwas Bohnenkraut, *fein geschnitten*
- Salz und schwarzer Pfeffer aus der Mühle

POLENTA-STICKS

- 100 g Polentagrieß
- 200 ml Geflügelfond (siehe Seite 150)
- 200 ml Milch
- 2 Zweige Rosmarin
- 60 g Parmesan
- 20 g Butter, *kalt*
- 3 Eigelb
- etwas Knoblauchöl
- etwas Olivenöl
- Salz und schwarzer Pfeffer aus der Mühle

Zubereitung

RINDERFILET MIT GÄNSELEBER
Die Filets würzen und in einer Pfanne von beiden Seiten scharf anbraten. Bei 90 Grad 5 Minuten im Ofen fertig garen und ca. 10 Minuten ruhen lassen. Die Gänseleber mehlieren und mit etwas Öl von beiden Seiten scharf anbraten. Zum Schluss mit Fleur de Sel und Pfeffer würzen.

ROTWEINBUTTER
Den Barolo mit den Gewürzen bis auf 200 ml reduzieren, passieren und mit der kalten Butter montieren. Mit Salz und Zucker abschmecken.

BOHNENSTREIFEN
Schalotten, Knoblauch und Chili in feine Brunoise schneiden und mit Butter in einer Sauteuse anschwitzen. Die Bohnen hinzugeben und mit Salz, Pfeffer und Bohnenkraut abschmecken.

POLENTA-STICKS
Den Fond mit der Milch aufkochen, den Polentagrieß hineinrühren und auf kleiner Hitze ca. 40 Minuten quellen lassen. Den Rosmarin zupfen, fein schneiden, in Olivenöl und Knoblauchöl auslassen und zur Polenta hinzugeben. Den Parmesan, die Butter und das Eigelb hinzugeben, mit Salz und Pfeffer abschmecken und alles miteinander verrühren.

Die Polenta ca. 1 cm dick auf ein flaches Blech streichen und auskühlen lassen. Nun in Sticks von ca. 1 cm Breite und 5 cm Länge schneiden. In wenig Olivenöl in einer beschichteten Pfanne von allen Seiten goldbraun anbraten.

Die beiden Rinderfilets quer halbieren. Zuerst die Gänseleber auf die Bohnen und dann das aufgeschnittene Filet mit der Schnittfläche nach oben auf die Gänseleber legen. Mit ein wenig Fleur de Sel bestreuen.

GESCHMORTES

Ochsenbäckchen

mit glasierten Cipolline *und Trüffelpolenta*

Zutaten FÜR 4 PERSONEN

OCHSENBÄCKCHEN

4	Ochsenbäckchen, *pariert*
100 g	Röstgemüse (Sellerie, Möhren und Zwiebeln)
1 EL	Tomatenmark
200 ml	Rotwein
20 ml	dunkler Balsamico-Essig
1 Zweig	Thymian
1	Lorbeerblatt
6	schwarze Pfefferkörner
6	Pimentkörner
500 ml	brauner Kalbsfond (siehe Seite 150)
	Pflanzenöl

GLASIERTE CIPOLLINE

16	kleine, runde Zwiebeln *(Cipolline)*
40 g	Puderzucker
1 Zweig	Rosmarin
1 Zweig	Thymian
2 EL heller	Balsamico-Essig
100 ml	heller Portwein
3 cl	Olivenöl
	Salz und schwarzer Pfeffer aus der Mühle

TRÜFFELPOLENTA

200 ml	Milch
80 g	Sahne
120 ml	Geflügelfond (siehe Seite 150)
1 TL	Trüffelcrème
3 EL	Olivenöl
120 g	Polentagrieß
60 g	Parmesan, *gerieben*
1 EL	Sahne, *geschlagen*
20 g	frischer Trüffel
	Muskat
	Salz

Zubereitung

OCHSENBÄCKCHEN

Die Ochsenbäckchen in etwas Öl anbraten. Das Röstgemüse hinzugeben und kurz weiterrösten. Dann das Tomatenmark hinzufügen. Mit Balsamico-Essig und Rotwein ablöschen und bis auf ein Minimum reduzieren. Dann die Gewürze hinzugeben und mit dem Kalbsfond auffüllen. Die Bäckchen so lange schmoren, bis das Fleisch locker von der Fleischgabel rutscht, aus der Pfanne nehmen und etwas abkühlen lassen. Den Fond durch ein feines Spitzsieb passieren, degrassieren und auf die Hälfte reduzieren.

GLASIERTE CIPOLLINE

Die Zwiebeln bei 180 Grad ca. 5 bis 10 Minuten im Ofen backen und aus der Schale döppen. Den Puderzucker in einem Topf leicht karamellisieren und die Zwiebeln dazugeben. Thymian und Rosmarin hinzufügen und mit Balsamico-Essig und Portwein ablöschen. Das Ganze reduzieren. Mit Salz und Pfeffer würzen und mit Olivenöl verfeinern.

TRÜFFELPOLENTA

Milch, Sahne, Trüffelcrème, Geflügelfond und Olivenöl aufkochen. Den Grieß langsam einrieseln lassen und ca. 50 Minuten auf kleiner Flamme köcheln. Die Polenta dabei ohne Unterbrechung mit einem Holzlöffel rühren. Mit Salz und Muskat abschmecken. Geschlagene Sahne und Parmesan unterheben und die Trüffel dünn über die Polenta hobeln.

Kalbsleber

mit Grappa-Traubensauce
an Selleriepüree

Zutaten FÜR 4 PERSONEN

KALBSLEBER

600 g Kalbsleber, *geputzt und pariert*
etwas Mehl
8 Salbeiblätter
30 g frische Butter
etwas Pflanzenöl zum Anbraten
Salz und schwarzer Pfeffer aus der Mühle

GRAPPA-TRAUBENSAUCE

20 helle, kernlose Weintrauben, *gehäutet*
100 ml Kalbsjus (siehe Seite 151)
20 ml Moscato-Grappa
2 cl 25 Jahre alter Balsamico-Essig

SELLERIEPÜREE

1 große Sellerieknolle, *geputzt und geschält*
1 Zitrone
40 g Butter, *kalt und gewürfelt*
etwas Olivenöl
Muskat
Salz

GEBRATENE SELLERIEWÜRFEL

12 Selleriewürfel, *walnussgroß*
geklärte Butter (siehe Seite 149)
1 Zweig Thymian
Muskat
Salz

Zubereitung

KALBSLEBER

Die Kalbsleber in vier gleiche Scheiben portionieren und mehlieren. Das Pflanzenöl in eine heiße Pfanne geben und die Leber goldbraun anbraten. Salbei und Butter hinzufügen, leicht aufschäumen lassen und mit Salz und Pfeffer würzen.

GRAPPA-TRAUBENSAUCE

Den Grappa mit dem Balsamico-Essig leicht reduzieren und mit der Kalbsjus auffüllen. Vor dem Anrichten die Trauben und einen kleinen Schuss Grappa hinzufügen.

SELLERIEPÜREE MIT GEBRATENEN SELLERIEWÜRFELN

Die Sellerieknolle in walnussgroße Stücke schneiden und in gesalzenem Zitronenwasser kochen. Sobald die Stücke weich sind, das Wasser abgießen. Dann den Sellerie in einem Passiertuch ausdrücken. Nun mit der kalten Butter im Thermo-Mixer pürieren und mit Salz, Muskat und Olivenöl abschmecken.

Die Selleriewürfel mit dem Thymian in geklärter Butter von allen Seiten goldgelb anbraten und mit Salz und Muskat würzen.

Pochiertes

Kalbsfilet

IM KRÄUTERMANTEL

mit Pfifferlingen und Olivenplätzchen

Zutaten FÜR 4 PERSONEN

POCHIERTES KALBSFILET

600 g Kalbsfilet, *pariert*
40 g glatte Petersilie
30 g Kerbel
10 g Estragon
10 g Basilikum
Maldon Salz
Salz und schwarzer Pfeffer aus der Mühle
Frischhaltefolie
Alufolie

PFIFFERLINGE

400 g kleine Pfifferlinge, *geputzt und gewaschen*
20 g geklärte Butter (siehe Seite 149)
1 EL Schalotten, *gewürfelt*
etwas Knoblauchöl (siehe Seite 149)
etwas Petersilie, *geschnitten*
Abrieb von 1 Zitrone
100 ml Kalbsjus (siehe Seite 151)
Salz und schwarzer Pfeffer aus der Mühle

OLIVENPLÄTZCHEN

250 g mehlige Kartoffeln, *geschält*
1 ½ EL Crème fraîche
1 Eigelb
30 g getrocknete Oliven, *fein gehackt*
etwas Parmesan, *gerieben*
1 TL Thymian, *frisch gehackt*
Pflanzenöl zum Ausbacken
Muskat
Salz und schwarzer Pfeffer aus der Mühle

Zubereitung

POCHIERTES KALBSFILET

Das Kalbsfilet in 4 gleich große Stücke portionieren und mit Salz und Pfeffer würzen. Alle Kräuter fein schneiden und das Kalbsfilet darin wälzen. Die Kräuter gut andrücken.

Nun die Stücke erst in Frischhaltefolie und dann in Alufolie einwickeln und im Wasserbad bei 80 Grad ca. 15 Minuten pochieren.

Aus der Folie auspacken, aufschneiden und auf der Schnittfläche mit Maldon Salz würzen.

PFIFFERLINGE

Die Pfifferlinge mit den gewürfelten Schalotten in geklärter Butter und etwas Knoblauchöl sautieren. Mit Salz und Pfeffer würzen und mit Zitronenabrieb und geschnittener Petersilie verfeinern. Zum Schluss mit der Kalbsjus glasieren.

OLIVENPLÄTZCHEN

Die Kartoffeln in Salzwasser weich kochen, ausdämpfen lassen und durch eine Kartoffelpresse drücken. Mit Salz, Pfeffer und Muskat würzen. Crème fraîche, Parmesan und das Eigelb hinzufügen und alles vermengen. Danach den gehackten Thymian und die Oliven dazugeben und unterrühren. Zum Schluss die Olivenplätzchen formen (ca. 1 cm dick, 8 cm groß) und in Öl ausbacken.

Lammkarree

mit Ziegenkäse-Basilikum-Kruste
AN RATATOUILLE

Zutaten FÜR 4 PERSONEN

LAMMKARREE

800 g Lammkarree
etwas Pflanzenöl
2 Knoblauchzehen
Salz und schwarzer Pfeffer aus der Mühle

ZIEGENKÄSE-BASILIKUM-KRUSTE

150 g weiche Butter
100 g weicher Ziegenkäse
3 Eigelb
Abrieb von 2 Limetten
150 g Panko-Mehl
4 EL Basilikum, *geschnitten*
Zitronenpfeffer
Salz

RATATOUILLE

1 Zucchini, *in 1 x 1 cm große Würfel geschnitten*
½ Aubergine, *in 1 x 1 cm große Würfel geschnitten*
1 rote Paprika, *geschält und in 1 x 1 cm große Würfel geschnitten*
1 gelbe Paprika, *geschält und in 1 x 1 cm große Würfel geschnitten*
4 Schalotten, *in Brunoise geschnitten*
1 Knoblauchzehe, *zerdrückt*
4 Chilischoten, *in Streifen geschnitten*
2 EL Tomatensugo (siehe Seite 151)
1 EL Rosmarin, *fein gehackt*
1 EL Thymian, *fein gehackt*
Olivenöl
Salz und schwarzer Pfeffer aus der Mühle

SAUCE

100 ml Lammjus (siehe Seite 151)

Zubereitung

LAMMKARREE

Das Lammkarree parieren und die Knochen blank putzen. Mit Salz und Pfeffer würzen und mit Pflanzenöl in einer heißen Pfanne scharf anbraten. Im Ofen bei 150 Grad gar ziehen lassen. Danach 5 Minuten ruhen lassen.

ZIEGENKÄSE-BASILIKUM-KRUSTE

Die Butter mit der Küchenmaschine schaumig schlagen. Den Ziegenkäse, das Eigelb, den Limettenabrieb, das Panko-Mehl und den Basilikum hinzufügen und alles miteinander vermengen. Mit Zitronenpfeffer und Salz abschmecken. Die Masse in eine Form füllen und erkalten lassen.

Das Lammkarree mit der Ziegenkäse-Basilikum-Kruste belegen und unter dem Salamander oder im Backofengrill gratinieren.

RATATOUILLE

Schalotten, Knoblauch und Chili in einen Topf mit Olivenöl geben. Zuerst die Auberginen und danach das restliche Gemüse mit sautieren. Die Kräuter hinzugeben, mit Salz und Pfeffer würzen und mit dem Tomatensugo etwas anziehen.

Zum Anrichten die Lammjus erwärmen und neben das Fleisch geben.

In Merlot pochierter

Rehrücken

MIT ANANAS-RELISH

und Topinambur-Crème

Zutaten FÜR 4 PERSONEN

POCHIERTER REHRÜCKEN

600 g Rehrücken, *pariert*
Wildgewürz (siehe Seite 149)
500 ml Merlot-Wein
500 ml Wildfond (siehe Seite 150)
200 ml Wildjus (siehe Seite 151)
Fleur de Sel

ANANAS-RELISH

1 Ananas
300 g Puderzucker
50 ml Weißwein
100 ml Ananassaft, *reduziert*
1 TL rote Pfefferbeeren
1 Vanilleschote
etwas Speisestärke
Fleur de Sel

TOPINAMBUR-CREME

200 g Topinambur, *geschält*
250 ml Milch
250 ml Geflügelfond (siehe Seite 150)
Saft einer ¼ Zitrone
60 g Butter, *kalt und gewürfelt*
Olivenöl
Piment d'Espelette
Muskat
Salz

Zubereitung

POCHIERTER REHRÜCKEN

Den Rehrücken mit dem Wildgewürz würzen. Den Merlot mit dem Wildfond aufkochen, vom Herd ziehen und auf 70 Grad abkühlen lassen. Den Rehrücken hineinlegen und ca. 10 Minuten pochieren. Im Ofen bei 80 Grad 10 Minuten ruhen lassen. Die Wildjus um ein Drittel reduzieren und zum Schluss den Rehrücken in der heißen Sauce kurz glasieren, aufschneiden und mit etwas Fleur de Sel auf der Schnittfläche würzen.

ANANAS-RELISH

Ananas schälen und in 1 x 1 cm große Würfel schneiden. Den Puderzucker in einem Topf leicht karamellisieren und die Würfel hinzugeben. Mit Weißwein und Ananassaft ablöschen und die Pfefferbeeren und die Vanilleschote hinzugeben. Mit Speisestärke leicht abbinden. Vor dem Anrichten etwas Fleur de Sel hinzufügen.

TOPINAMBUR-CREME

Die Topinambur in dem Geflügelfond, der Milch und dem Zitronensaft kochen, bis sie gar sind. Flüssigkeit abgießen und im Topf ausdämpfen lassen. Nun im Thermo-Mixer mit der kalten Butter pürieren und mit Salz, Piment d'Espelette, Muskat und etwas Olivenöl abschmecken.

Suprême vom Perlhuhn

im Parmaschinkenmantel
MIT MARSALAJUS *und umbrischen Linsen*

Zutaten FÜR 4 PERSONEN

PERLHUHN

4	Perlhuhnbrüste
4	Salbeiblätter
4 Scheiben	Parmaschinken
	etwas Pflanzenöl
	Salz und schwarzer Pfeffer aus der Mühle

MARSALAJUS

40 ml	Marsala
2 Zweige	Thymian
2 cl	roter Portwein
150 ml	Kalbsjus (siehe Seite 151)
	Salz und schwarzer Pfeffer aus der Mühle

UMBRISCHE LINSEN

200 g	Linsen *(Castelluccio oder Beluga)*
30 g	Rosinen *(am Vortag in 3 cl Marsala eingeweicht)*
3 cl	Marsala
2 EL	Speck, *in feine Würfel geschnitten*
5	Schalotten, *in Würfel geschnitten*
	etwas Knoblauchöl (siehe Seite 149)
	etwas Chilischote, *entkernt und gewürfelt*
100 g	Tomatensugo (siehe Seite 151)
	Salz und schwarzer Pfeffer aus der Mühle

Zubereitung

PERLHUHN

Die Perlhuhnbrüste parieren und die Flügelknochen blank putzen. Die Haut etwas abziehen und darunter den Schinken und den Salbei legen. Die Hautseite ein wenig mit Salz und Pfeffer würzen und die Perlhuhnbrüste in einer heißen Pfanne auf der Hautseite anbraten. Bei 150 Grad ca. 5 Minuten im Ofen zu Ende garen und ca. 5 Minuten bei 80 Grad ruhen lassen.

MARSALAJUS

Portwein, Thymian und Marsala zur Hälfte reduzieren und mit der Kalbsjus auffüllen. Vor dem Anrichten noch etwas Marsala hinzufügen und mit Salz und Pfeffer abschmecken.

UMBRISCHE LINSEN

Die Linsen in leicht gesalzenem Wasser kochen und in kaltem Wasser abschrecken. Den Speck in einem Topf auslassen und Schalotten, Knoblauchöl und Chili hinzufügen. Alles zusammen anschwitzen, die Rosinen hinzugeben und mit dem Marsala ablöschen. Die Linsen hinzugeben und mit dem Tomatensugo bedecken, köcheln lassen und mit Salz und Pfeffer abschmecken. Die Linsen müssen noch Biss haben.

D O

C E

Zitronensorbet

mit Thymian
UND OLIVENÖL

Zutaten FÜR CA. 1 LITER

ZITRONENSORBET

2 Blatt	Gelatine
200 g	Zucker
75 g	Glucose
650 ml	Mineralwasser
275 ml	Zitronensaft
	Abrieb von 3 Zitronen

THYMIAN UND OLIVENÖL

3 Zweige	Thymian
100 ml	Pflanzenöl
20 ml	Olivenöl
	etwas Maldon Salz

Zubereitung

ZITRONENSORBET
Die Gelatine einweichen und in einem Teil des Wassers auflösen. Nun alle Zutaten miteinander vermengen und 1 Stunde lang ziehen lassen. In einer Eismaschine gefrieren.

THYMIAN UND OLIVENÖL
Den Thymian zupfen und im Pflanzenöl ausbacken.

Vom Sorbet eine Nocke ausstechen, den Thymian und ein wenig Salz darüber streuen und mit ein wenig Olivenöl beträufeln.

Bellini-Sorbet

MIT MINZPESTO
und karamellisiertem Chicorée

Zutaten FÜR CA. 0,8 LITER

BELLINI-SORBET

500 g	weißes Pfirsichpüree
240 ml	Wasser
45 g	getrocknete Glucose
100 g	Zucker
2 Blatt	Gelatine

MINZPESTO

500 g	Minze
100 ml	Läuterzucker
20 g	Pistaziengrieß
	Abrieb von 1 Zitrone
	etwas Pfefferminzlikör

KARAMELLISIERTER CHICOREE

1	Chicorée
50 g	Zucker
10 g	Butter, *kalt*
2 cl	Grand Marnier (oder ein anderer Orangenlikör)
6 cl	Weißwein

Zubereitung

BELLINI-SORBET

Die Gelatine einweichen und in einem Teil des Fruchtpürees auflösen. Nun alle Zutaten miteinander vermengen, eine Stunde lang ziehen lassen und in einer Eismaschine gefrieren.

MINZPESTO

Den Läuterzucker in den Thermo-Mixer geben und die gezupfte Minze nach und nach darin pürieren. Zum Schluss den Pistaziengrieß, den Zitronenabrieb und den Pfefferminzlikör hinzufügen und verrühren.

KARAMELLISIERTER CHICOREE

Den Strunk vom Chicorée entfernen und die Blätter putzen, waschen und abtrocknen. Den Zucker in einem Topf auflösen, bis er karamellisiert. Dann die Blätter hinzufügen und mit Weißwein und Grand Marnier ablöschen. Schließlich mit der kalten Butter leicht binden.

Kürbis-Ingwer-Sorbet

in lauwarmer Tomatenwolke

Zutaten FÜR CA. 1 LITER

KÜRBIS-INGWER-SORBET

200 g	Hokkaido-Kürbis, *geschält*
400 g	Muskatkürbis, *geschält*
10 g	Ingwer
1 TL	Honig
4 cl	heller Balsamico-Essig
100 ml	Orangensaft
100 ml	Apfelsaft
	etwas Fleur de Sel
2 Blatt	Gelatine
240 ml	Wasser
45 g	getrocknete Glucose
40 g	Zucker

LAUWARME TOMATENWOLKE

1 kg	reife Strauchtomaten
2	Schalotten
4	Knoblauchzehen
3 Zweige	Basilikum
2 Zweige	Thymian
2 cl	heller Balsamico-Essig
20 g	Zucker
100 ml	Geflügelfond (siehe Seite 150)
50 ml	Sahne
	Zitronenpfeffer
	Salz

Zubereitung

KÜRBIS-INGWER-SORBET

Die Kürbisse und den Ingwer in Würfel schneiden. In einem Topf anschwitzen und mit dem Honig karamellisieren. Mit Balsamico-Essig, Orangensaft und Apfelsaft ablöschen und so lange köcheln, bis der Kürbis fast zerfällt. Im Thermo-Mixer pürieren und durch ein feines Sieb passieren. Mit Fleur de Sel abschmecken.

Die Gelatine einweichen und in einem Teil der Kürbis-Masse auflösen. Nun alle restlichen Zutaten miteinander vermengen und eine Stunde lang ziehen lassen. In einer Eismaschine gefrieren.

LAUWARME TOMATENWOLKE

Alle Zutaten, außer der Sahne, im Thermo-Mixer pürieren. Die Masse in ein mit einem Passiertuch ausgelegtes Spitzsieb gießen und den hellen Tomatensaft auffangen, ohne zu drücken. Den Fond aufkochen und um die Hälfte reduzieren. Die Sahne hinzugeben und mit Salz und Zitronenpfeffer abschmecken. Alles lauwarm in einen Sahnesiphon füllen.

Aus dem Sorbet Nocken ausstechen und mit dem lauwarmen Tomatenschaum servieren.

NOUGAT-PASSIONSFRUCHT-

Makronen

mit Himbeersorbet

und Pistaziensand

Zutaten FÜR 4 PERSONEN

MAKRONENTEIG
- 240 g Puderzucker
- 140 g gemahlene Mandeln
- 4 Eiweiß

FÜLLUNG
- 50 ml Passionsfruchtsaft
- 18 g Akazienhonig
- 220 g Nougat
- 40 g weiche Butter

PISTAZIENSAND
- 60 g Butter, *weich*
- 60 g brauner Zucker
- 60 g Mehl
- 60 g Pistazien

HIMBEERSORBET
- 250 ml Himbeermark
- 18 g Glucose
- 2,5 g Sorbeto
- 50 g Zucker
- 1 EL Zitronensaft

GEFÜLLTE HIMBEEREN
- 20 Himbeeren
- 30 Jahre alter Balsamico-Essig

Zubereitung

MAKRONENTEIG
Puderzucker und Mandeln sieben. Eiweiß steif schlagen. Die Masse mit einem Spatel von innen nach außen verrühren. Den Teig in einen Spritzbeutel füllen und in einem Abstand von 8 cm Teigkreise auf ein mit Backpapier ausgelegtes Blech spritzen.

Die Makronen bei 140 Grad 18 bis 20 Minuten backen.

FÜLLUNG
Den Passionsfruchtsaft mit Honig aufkochen. Nougat im Wasserbad schmelzen und die Saft-Honig-Mischung unterrühren. Butter in kleine Stücke schneiden und nach und nach hinzugeben. Das Ganze glatt rühren, in einen Spritzbeutel füllen und 1 Stunde kalt stellen. Die Masse zwischen zwei Makronen füllen.

PISTAZIENSAND
Butter mit Zucker vermengen. Das gesiebte Mehl und die Pistazien hinzugeben. Alles gut zerbröseln und bei 150 Grad 6 Minuten backen.

HIMBEERSORBET
Die Glucose in dem Himbeermark auflösen. Den Zucker, den Zitronensaft und das Sorbeto hinzugeben, kurz aufkochen, abkühlen lassen und in der Eismaschine gefrieren lassen.

GEFÜLLTE HIMBEEREN
Den Balsamico mit einer Pipette in die Himbeeren füllen.

Crème Brûlée

von der Tahiti-Vanille

MIT MANGOSORBET

Zutaten FÜR 4 PERSONEN

CREME BRULEE

375 ml	Sahne
125 ml	Milch
6	Eigelb
65 g	Zucker
	Mark von 2 Tahiti-Vanilleschoten
2 cl	Grand Marnier (oder ein anderer Orangenlikör)

MANGOSORBET

500 g	Mangopüree
240 ml	Wasser
45 g	getrocknete Glucose
100 g	Zucker
2 Blatt	Gelatine
2 cl	Wodka

Zubereitung

CREME BRULEE

Sahne und Milch mit dem Vanillemark aufkochen und 30 Minuten ziehen lassen. Den Zucker mit dem Eigelb verrühren und die warme Milch-Sahnemischung unter ständigem Rühren (jedoch nicht schaumig) hineingeben. Den Grand Marnier einrühren und die Masse passieren.

Jeweils 150 ml in einen tiefen Teller geben und bei 110 Grad im Wasserbad im Backofen ca. 45 Minuten stocken lassen.

MANGOSORBET

Die Gelatine einweichen und in einem Teil des Fruchtpürees auflösen. Nun alle Zutaten miteinander vermengen und 1 Stunde lang ziehen und abkühlen lassen. Danach in der Eismaschine gefrieren lassen.

Von dem Mangosorbet Nocken abstechen und auf der etwas abgekühlten Crème Brûlée servieren.

Törtchen

von der Arabicabohne
mit Ivoire-Schokoladeneis

Zutaten FÜR 4 PERSONEN

TÖRTCHEN

- 150 g weiße Ivoire-Kuvertüre
- 30 ml Milch
- 1 doppelter Espresso
- 25 g Zucker
- 2 ½ Blatt Gelatine
- 2 cl Moccalikör
- 2 cl Coffee Bols Cacao White
- 250 g Sahne, *geschlagen*

GLASUR

- 150 g Kakaobutter
- 150 g Zartbitter-Kuvertüre

IVOIRE-SCHOKOLADENEIS

- 160 g Ivoire-Kuvertüre
- 250 ml Sahne
- 250 ml Milch
- 50 g Zucker
- 6 Eigelb
- 2 cl heller Moccalikör
- ½ Blatt Gelatine

HIPPENRING

- 300 g Zucker
- 110 ml Orangensaft
- 110 g Haselnussgrieß
- 110 g Mehl
- 110 g Butter, *weich*

Zubereitung

TÖRTCHEN

Die Kuvertüre mit der Milch im Wasserbad auflösen und die eingeweichte Gelatine darin auflösen. Zucker, doppelten Espresso, Moccalikör und Coffee Bols Cacao White in eine Schüssel geben. Die geschmolzene Kuvertüre hinzugeben ein wenig erkalten lassen. Die geschlagene Sahne unterheben. Die Masse in 4 Förmchen füllen und ca. 2 Stunden anziehen lassen.

GLASUR

Kakaobutter und Zartbitter-Kuvertüre im Wasserbad auflösen. Die Glasur in eine Lebensmittel-Sprühpistole füllen und auf die Törtchen sprühen.

IVOIRE-SCHOKOLADENEIS

Die Kuvertüre in der Sahne und der Milch im Wasserbad auflösen. Die Eigelbe mit dem Zucker weiß schlagen. Die eingeweichte Gelatine im Moccalikör auflösen und zu der Kuvertüremasse geben. Nun die Kuvertüremasse in die Eigelb-Zuckermasse rühren und alles auf dem Wasserbad zur Rose abziehen. Nun passieren und in der Eismaschine gefrieren.

HIPPENRING

Alle Zutaten miteinander vermengen und 12 Stunden im Kühlschrank ruhen lassen.

Die Masse hauchdünn auf eine Silikonmatte streichen und bei 180 Grad 10 Minuten backen. Nun in 1cm breite und 10 cm lange Streifen schneiden, um einen Metallring legen und erkalten lassen.

Passionsfrucht-Tiramisu

Zutaten FÜR 4 PERSONEN

TIRAMISU

Für eine Springform Biskuit:

6	Eier
125 g	Zucker
1 Prise	Salz
80 g	Mehl
50 g	Stärke
75 g	warme Butter
	Mark von 1 Vanilleschote
	Abrieb von 1 Zitrone
8 EL	Passionsfrucht-Likör

Für die Mousse:

500 g	Mascarpone
70 g	Eigelb
100 g	Zucker
6 Blatt	Gelatine
250 g	Sahne, *geschlagen*
200 ml	Passionsfruchtmark
2 ½ Blatt	Gelatine
200 ml	Passionsfruchtlikör

PASSIONSFRUCHT-SALSA

100 g	Passionsfrucht
100 ml	Orangensaft
80 g	Gelierzucker

HIMBEERCOULIS

100 g	Himbeermark
2 cl	Himbeergeist
20 g	Puderzucker

Zubereitung

TIRAMISU

Die Eier mit dem Zucker aufschlagen. Salz, Vanillemark und Zitronenabrieb hinzufügen. Das Mehl und die Stärke zu der Masse sieben und alles vermengen. Zum Schluss die Butter unterrühren, die Masse in eine Springform gießen und bei 175 Grad ca. 25 Minuten backen.

Den Biskuit erkalten lassen und für die gewünschte Ringform ausstechen. Jeden der 4 kleinen Biskuitböden mit 2 EL Passionsfruchtlikör beträufeln.

Den Zucker mit dem Eigelb weiß schlagen, die Mascarpone und das Passionsfruchtmark hinzufügen und so lange schlagen, bis eine homogene Masse entsteht. Die eingeweichte Gelatine mit einem Esslöffel darin auflösen und langsam in die restliche Masse einrühren. Das Ganze nun auf dem getränkten Biskuitboden verteilen und kalt werden lassen.

Die Gelatine einweichen und in dem Passionsfruchtlikör auflösen. Etwas abkühlen lassen und als dünnen Spiegel auf die Tiramisu gießen.

PASSIONSFRUCHT-SALSA

Alle Zutaten miteinander aufkochen und kalt werden lassen.

HIMBEERCOULIS

Alles miteinander aufkochen.

TIPP ZUM ANRICHTEN: SCHOKOHALBKUGEL

Einen Wasserbomben-Luftballon aufblasen, ihn zur Hälfte in temperierte Kuvertüre eintauchen und aufhängen. Wenn der Schoko-Ballon abgekühlt und die Schokolade hart geworden ist, wird er mit einer Nadel zerstochen.

GEBACKENER

Gorgonzola-Dolce

mit Portweinfeige

Zutaten FÜR 4 PERSONEN

GORGONZOLA-DOLCE

- 200 g Gorgonzola-Dolce
- 1 Lage Filoteig
- 50 ml geklärte Butter (siehe Seite 149)
- 3 Zweige Thymian
- 2 EL Honig
- 20 g kalte Butter

PORTWEINFEIGE

- 50 g Zucker
- 200 ml 10 Jahre alter Portwein
- ½ Vanilleschote
- 2 cl Cassis-Likör
- 1 Sternanis
- Schale von 1 Orange
- 4 Feigen

Zubereitung

GORGONZOLA-DOLCE
Den Gorgonzola-Dolce in 4 gleich große rechteckige Stücke schneiden und jedes Stück mit der geklärten Butter in den Filo-Teig einpacken. Die kalte Butter mit dem Thymian in einer Pfanne zerlassen und den Gorgonzola darin goldbraun anbraten. Zum Schluss den Honig in die Pfanne geben und leicht karamellisieren.

PORTWEINFEIGE
Zucker in einem Topf karamellisieren und mit dem Portwein ablöschen. Den Cassis-Likör und die Gewürze hinzufügen und alles um die Hälfte reduzieren. Dann die geviertelten Feigen hineinlegen und ca. 3 Minuten ziehen lassen.

Kirschküchlein

MIT SAUERRAHM-EIS

Zutaten FÜR 4 PERSONEN

KIRSCHKÜCHLEIN

Für den Biskuit (Backblech)

6	Eier
125 g	Zucker
1 Prise	Salz
	Mark von 1 Vanilleschote
	Abrieb von 1 Zitrone
75 g	Mehl
75 g	Stärke
50 g	Kakaopulver
75 g	Butter, *warm*
150 ml	Kirschwasser

Für die Mousse:

500 g	Mascarpone
70 g	Eigelb
100 g	Zucker
200 ml	Kirschpüree
6 Blatt	Gelatine
250 g	Sahne, *geschlagen*
2 cl	Kirschwasser
2 ½ Blatt	Gelatine
200 ml	Kirschwasser
12	Kirschen, *entsteint und in Ringe geschnitten*

SAUERRAHM-EIS

500 g	Sauerrahm
100 g	Zucker
	Saft und Abrieb von 1 Zitrone
	Saft und Abrieb von 1 Limette
	2 cl Wodka

Zubereitung

KIRSCHKÜCHLEIN

Die Eier mit dem Zucker aufschlagen. Salz, Vanillemark und Zitronenabrieb hinzufügen. Das Mehl, Kakaopulver und die Stärke sieben, hinzufügen und alles vermengen. Zum Schluss die Butter unterrühren und die Masse auf einem Blech verteilen. Bei 175 Grad ca. 25 Minuten lang backen.

Den Biskuit auskühlen lassen und für die gewünschte Ringform ausstechen. Nun den Biskuit mit dem Kirschwasser beträufeln.

Den Zucker mit dem Eigelb weiß schlagen. Die Mascarpone und das Kirschpüree hinzufügen und so lange schlagen, bis eine homogene Masse entsteht. Sahne unterheben und die eingeweichte Gelatine mit einem Esslöffel von der Mascarpone-Kirsch-Crème auflösen und den Rest langsam einrühren. Die Kirschringe mit Kirschwasser marinieren und auf den Biskuit legen. Die Crème auf dem Biskuitboden verteilen und erkalten lassen.

Die Gelatine einweichen und im Kirschwasser auflösen. Etwas abkühlen lassen und dünn als Spiegel auf das Törtchen gießen.

SAUERRAHM-EIS

Alle Zutaten miteinander vermengen und 12 Stunden im Kühlschrank ruhen lassen. Danach in der Eismaschine gefrieren lassen.

TIPP ZUM ANRICHTEN: SCHOKOSPIRALE

Zartbitter-Kuvertüre temperieren und mit einem Konditorkamm auf einen 5 cm breiten und 30 cm langen Backpapierstreifen streichen. Den Papierstreifen mit etwas Schokolade spiralförmig auf eine Rolle „kleben" und erkalten lassen. Dann das Backpapier von innen abziehen.

ANH

A N G

Grundrezepte

PASTATEIG

Teigtaschen

500 g Mehl
50 g Hartweizengrieß
9 Eigelb
2 Eier
1 EL Olivenöl
Kurkuma, Salz

Das Mehl und den Hartweizengrieß miteinander vermengen und eine Kuhle hineindrücken. Alle Eier mit dem Kurkuma, Salz und Olivenöl gut vermengen und in die Kuhle geben. Alles miteinander verkneten, bis ein geschmeidiger Teig entstanden ist. Den Teig in Klarsichtfolie wickeln und ½ Stunde im Kühlschrank ruhen lassen.

Grüner Nudelteig

200 g Mehl
50 g Hartweizengrieß
1 Ei
5 Eigelb
50 g Spinat, *blanchiert, gehackt und ausgedrückt*
1 EL Olivenöl
Salz

Alle Zutaten zu einem glatten Teig kneten und ca. 30 Minuten an einem kühlen Ort ruhen lassen.

Zweifarbiger Nudelteig

200 g Nudelteig (siehe unten)
160 g grüner Nudelteig (siehe oben)
50 ml Eiweiß

Beide Teigsorten mit Hilfe einer Nudelmaschine zu 0,5 cm dicken Teigbahnen ausrollen. Nun von dem gelben Teig 3 und von dem grünen Nudelteig 2 gleichmäßig große Platten schneiden. Die Platten jeweils auf einer Seite mit Eiweiß einpinseln und abwechselnd aufeinander legen. Den Teig, wenn möglich, vakuumieren und ca. 12 Stunden im Kühlschrank ruhen lassen.

Spaghetti

150 g Mehl
150 g Hartweizengrieß
3 Eier
1 EL Olivenöl
1 Prise Salz

Alle Zutaten zu einem glatten Teig kneten und in Klarsichtfolie gewickelt 30 Minuten ruhen lassen. Danach mit der Nudelmaschine die Spaghetti herstellen.

Schwarze Spaghetti

150 g Mehl
150 g Hartweizengrieß
2 Eier
1 EL Sepiatinte
1 EL Ölivenöl
1 Prise Salz
Wasser

Die Sepiatinte mit den Eiern und dem Wasser verrühren. Die restlichen Zutaten dazugeben und zu einem glatten Teig kneten. In Klarsichtfolie gewickelt 30 Minuten ruhen lassen. Danach mit der Nudelmaschine Spaghetti herstellen

Tagliatelle

150 g Mehl
150 g Hartweizengrieß
3 Eier
1 EL Olivenöl
1 Prise Salz

Alle Zutaten zu einem glatten Teig kneten. In Klarsichtfolie gewickelt 30 Minuten ruhen lassen. Danach mit der Nudelmaschine Tagliatelle herstellen.

Taglierini

150 g Mehl
150 g Hartweizengrieß
3 Eier
80 g Spinat, *blanchiert, gehackt und ausgedrückt*
1 EL Olivenöl
1 Prise Salz

Alle Zutaten zu einem glatten Teig kneten. In Klarsichtfolie gewickelt 30 Minuten ruhen lassen. Danach mit der Nudelmaschine grüne Taglierini herstellen.

Schwarzer Nudelteig

450 g Mehl
50 Hartweizengrieß
8 Eigelb
2 Eier
1 EL Öl
2 EL Sepiatinte, *in wenig Wasser aufgelöst*
Salz und schwarzer Pfeffer aus der Mühle

Alle Zutaten zu einem elastischen Teig kneten. In Klarsichtfolie eingewickelt ca. 30 Minuten ruhen lassen.

GNOCCHI / POLENTA

Römische Gnocchi

1 l Milch
80 g Butter
250 g Hartweizengrieß
60 g Parmesan, *gerieben*
3 Eigelb
Muskat
Salz

Milch mit Butter aufkochen, Topf vom Herd nehmen und den Hartweizengrieß hineinrühren. Dann das Eigelb und den Parmesan einrühren, mit Salz und Muskat abschmecken und in eine Form füllen. Nach dem Auskühlen als Halbmond ausstechen und in geklärter Butter (siehe Seite 149) leicht anbraten.

Kartoffelgnocchi

250 g mehlige Kartoffeln
50 g Mehl
20 g Parmesan, *gerieben*
2 Eigelb
Muskat
Salz

Kartoffeln schälen und in Salzwasser weich kochen, abdämpfen und durch die Kartoffelpresse drücken. Eigelb und Parmesan hinzugeben und zu einer geschmeidigen Masse vermengen. Nach und nach das Mehl hinzugeben und mit Salz und Muskat abschmecken.

Rahmpolenta

200 ml Milch
80 g Sahne
120 ml Geflügelfond (siehe Seite 150)
3 EL Olivenöl
120 g Polentamehl
60 g Parmesan, *gerieben*
1 EL Sahne, *geschlagen*
Muskat
Salz

Milch, Sahne, Geflügelfond und Olivenöl aufkochen. Das Polentamehl langsam einrieseln lassen und unter ständigem Rühren mit einem Holzlöffel ca. 50 Minuten lang auf kleiner Flamme köcheln. Mit Salz und Muskat abschmecken. Die geschlagene Sahne und den Parmesan unterheben.

RISOTTO

200 g Risotto-Reis *(Carnaroli-Acquerello)*
80 ml trockener Weißwein
25 g Schalottenwürfel
2 Knoblauchzehen
2 EL Olivenöl
750 ml Geflügelfond (siehe Seite 150)
70 g Butter, *gewürfelt*
120 g Parmesan, *gerieben*
Salz und schwarzer Pfeffer aus der Mühle

Den Fond erhitzen und siedend halten. Olivenöl, Schalotten und Knoblauch in einem zweiten Topf glasig andünsten, den Reis hinzufügen und mit einem Holzlöffel rühren, bis er vom Öl überzogen ist. Mit dem Weißwein ablöschen, verdampfen lassen und unter ständigem Rühren nach und nach den Fond hinzufügen, bis der Reis cremig und weich, aber noch körnig ist. Nach ca. 20 Minuten den Topf vom Herd nehmen und die Butter und den Parmesan unterrühren. Mit Salz und Pfeffer abschmecken.

PIZZATEIG

1 kg Manitoba-Mehl
100 g Hefe
1 TL Zucker
600 ml lauwarmes Wasser
150 ml Olivenöl
20 g Salz

Hefe und Zucker im Wasser auflösen, das gesiebte Mehl und das Salz hinzufügen und zu einem Teig kneten. Dann das Olivenöl hinzugeben und den Teig 60 Minuten bei ca. 40 Grad gehen lassen. Danach zur Pizza weiterverarbeiten.

GEKLÄRTE BUTTER

250 g ungesalzene Butter

Die Butter in einem Topf zum Kochen bringen; dabei trennt sich die Molke vom Butterfett. Um sie herauszufiltern, die heiße Butter vorsichtig durch ein feines Tuch oder ein Filterpapier in ein zweites Gefäß abgießen.

ÖLE

Hummeröl

500 g Hummerkarkassen
200 ml Olivenöl
1 EL Tomatenmark
100 g Gemüsewürfel *aus Lauch, Sellerie, Möhre und Petersilienwurzel*
1 Zweig Thymian
2 Knoblauchzehen

Hummerkarkassen in etwas Öl anrösten, Gemüse dazugeben und weiter leicht anschwitzen. Tomatenmark einrühren, Kräuter und Knoblauch hinzugeben, mit dem Olivenöl auffüllen und 30 Minuten bei 60 Grad ziehen lassen. Dann durch ein Tuch passieren.

Schwarzes Olivenöl

100 g schwarze Oliven, *getrocknet*
20 ml Traubenkernöl
10 g Walnussöl
70 g Olivenöl

Alle Zutaten in den Thermo-Mixer geben und fein pürieren.

Basilikumöl

1 kg Basilikum
150 ml Pflanzenöl
50 ml Olivenöl
Fleur de Sel

Alle Zutaten in den Thermo-Mixer geben, fein pürieren und durch ein Sieb passieren.

Limonenöl

Abrieb von 4 Limonen
100 ml Pflanzenöl
50 ml Olivenöl
3 Zweige Zitronenthymian

Zitronenthymian fein hacken und mit den restlichen Zutaten vermengen. 2 Tage ohne Lichteinfall ziehen lassen.

Knoblauchöl

10 Knoblauchzehen
100 ml Pflanzenöl

Den Knoblauch schälen und mit dem Pflanzenöl fein pürieren.

Mandelöl

50 g gesalzene Mandeln
100 ml Traubenkernöl

Mandeln anrösten und mit dem Traubenkernöl fein mixen, passieren und 2 Tage ohne Lichteinfall ziehen lassen.

SALZE/GEWÜRZE & CO.

Fischgewürz

100 g Fleur de Sel
1 TL Currypulver
2 TL Piment d'Espelette

Alles kurz miteinander kuttern.

Wildgewürz

100 g Fleur de Sel
1 Lorbeerblatt
5 schwarze Pfefferkörner
8 Wacholderbeeren
3 Pimentkörner
1 Gewürznelke
1 Kakaobohne

Alle Zutaten im Mixer fein pürieren und durch ein etwas gröberes Sieb sieben.

Räuchersalz

50 g Maldon Salz
1 TL geräuchertes Paprikapulver

Alle Zutaten kurz miteinander kuttern.

Mandelsalz

100 g Fleur de Sel
30 g gesalzene Mandeln, *angeröstet*
½ TL Piment d'Espelette

Alle Zutaten kurz miteinander kuttern.

Pesto

200 g Basilikum
2 Knoblauchzehen
50 g Parmesan, *gerieben*
3 EL Pinienkerne
0,3 l Olivenöl
Salz und schwarzer Pfeffer aus der Mühle

Das Basilikum zupfen und waschen. Mit den anderen Zutaten im Thermo-Mixer mixen und mit Salz und Pfeffer abschmecken.

Gremolata

1 kleines Bund glatte Petersilie
Abrieb einer Zitrone
2 Knoblauchzehen

Die Petersilie waschen, zupfen, trocknen und fein schneiden. Den Knoblauch schälen und auf einer Microreibe reiben. Nun alles mit dem Zitronenabrieb vermischen.

Fischfond *Für 1 Liter*

750 g	Fischgräten *(von Seezunge, Rotzunge, Steinbutt)*
80 g	Staudensellerie
½ Stange	Lauch *(nur helle Stücke)*
5	Champignons
5	Schalotten
1	Fenchelknolle
½ l	trockener Weißwein
1 Zweig	Thymian
1 Zweig	Estragon
2 Zweige	Petersilie
2	Lorbeerblätter
8	weiße Pfefferkörner
5 g	Fenchelsamen
5 g	Koriandersamen
2	Pimentkörner
2 cl	Pernod
2 cl	Noilly Prat

Die Fischgräten klein schneiden und unter fließendem Wasser so lange wässern, bis das Wasser ganz klar ist. Die Schalotten schälen und mit dem restlichen Gemüse in feine Würfel schneiden. Das Gemüse in einem Topf leicht anschwitzen, die Fischkarkassen mit den restlichen Zutaten hinzufügen und weiter leicht anschwitzen. Die Zutaten mit Wasser bedecken, aufkochen lassen und das aufschäumende Eiweiß abschöpfen. Eine halbe Stunde auf schwacher Hitze ziehen lassen und dann durch ein Tuch passieren. Den Fischfond, je nach Gebrauch, noch etwas reduzieren.

Artischockenfond *Für 0,5 Liter*

4	Artischockenböden
1	Knoblauchzehe
3	Schalotten
	etwas Chilischote, *entkernt*
2 cl	Noilly Prat
50 ml	Weißwein
500 ml	Geflügelfond (siehe unten)
3 Zweige	Thymian
5 g	Fenchelsamen
	Abrieb von 1 Zitrone
	Salz und schwarzer Pfeffer aus der Mühle

Schalotten, Knoblauch und Chili in Brunoise schneiden und in einem Topf anschwitzen. Die Artischockenböden hinzugeben und mit dem Noilly Prat und dem Weißwein ablöschen. Mit dem Geflügelfond auffüllen. Dann die Fenchelsamen und den Thymian hinzugeben. Nun alles leicht köcheln, bis die Artischockenböden weich gekocht sind. Alles pürieren und durch ein feines Sieb passieren. Den Fond noch einmal reduzieren, bis er schön kräftig schmeckt. Zum Schluss mit Salz, Zitronenabrieb und Pfeffer abschmecken.

Krustentierfond/Hummerfond *Für 1 Liter*

500 g	getrocknete Karkassen von Krustentieren *(Hummer, Langusten, Langostinos)*
250 g	helles Gemüse, *geputzt und gewürfelt (Lauch, Sellerie, Schalotten)*
100 g	Fenchel
5	Champignons
2 EL	Tomatenmark
4 cl	Cognac
2 cl	Pernod
2 cl	Noilly Prat
200 ml	Weißwein
300 g	geschälte Tomaten aus der Dose
100 ml	Fischfond (siehe oben)
1	Knoblauchzehe
8	weiße Pfefferkörner
5 g	Fenchelsamen
5 g	Koriandersamen
1 Zweig	Thymian
1 Zweig	Estragon
2 Zweige	Petersilie
1 Zweig	Basilikum

Die Karkassen mit dem geputzten Gemüse in einem flachen Topf anrösten, mit dem Cognac flambieren, Tomatenmark hinzufügen, weiter rösten, die restlichen Zutaten hinzugeben und aufkochen. 30 Minuten weiter köcheln. Nun den Fond durch ein Passiertuch gießen. Den Fond aufstellen und etwas reduzieren.

Geflügelfond *Für 1 Liter*

2 kg	Geflügelknochen
1 kg	Maishähnchenkeulen
0,2 l	Weißwein
250 g	Mirepoix *(Sellerie, Möhren, Schalotten)*
10	Champignons
2	Pimentkörner
1	Knoblauchzehe, *ganz*
1 Zweig	Thymian
2	Lorbeerblätter
8	schwarze Pfefferkörner
3	Tomaten

Die Knochen zerhacken, die Keulen durchtrennen und mit kaltem Wasser und Weißwein bedecken. Die restlichen Zutaten hinzufügen und ein Mal aufkochen lassen. 3 Stunden lang weiter köcheln und danach durch ein Passiertuch gießen. Den Fond noch etwas reduzieren.

Brauner Kalbsfond *Für 1 Liter*

3 kg	Kalbsknochen
250 g	Mirepoix *(Zwiebeln, Sellerie, Möhren, Petersilienwurzel)*
50 g	Champignons
1 Zweig	Thymian
2	Lorbeerblätter
8	schwarze Pfefferkörner
2	Wacholderbeeren
2	Pimentkörner
1	Knoblauchzehe, *ganz*

Die Knochen zerhacken und mit kaltem Wasser bedecken. Die restlichen Zutaten hinzufügen und 1 Mal aufkochen lassen. 3 Stunden lang weiter köcheln lassen und dann durch ein Passiertuch gießen.

Wildfond *Für 1 Liter*

3 kg	Knochen vom Reh oder Hirsch
250 g	Mirepoix *(Zwiebeln, Sellerie, Möhren, Petersilienwurzel)*
10	Champignons
1 Zweig	Thymian
2 Zweige	Rosmarin
2	Lorbeerblätter
8	schwarze Pfefferkörner
10	Wacholderbeeren
6	Pimentkörner
2	Gewürznelken

Die Knochen zerhacken und mit kaltem Wasser bedecken. Die restlichen Zutaten hinzufügen und aufkochen lassen. 3 Stunden lang weiter köcheln und dann durch ein Passiertuch gießen.

Lammfond *Für 1 Liter*

3 kg	Lammknochen
250 g	*Mirepoix (Zwiebeln, Sellerie, Möhren, Petersilienwurzel)*
10	Champignons
1 Zweig	Thymian
5 Zweige	Rosmarin
2	Lorbeerblätter
8	schwarze Pfefferkörner
2	Wacholderbeeren
2	Pimentkörner
5	Knoblauchzehen, *ganz*

Die Knochen zerhacken und mit kaltem Wasser bedecken. Die restlichen Zutaten hinzufügen und aufkochen. 3 Stunden lang weiter köcheln und durch ein Passiertuch gießen.

Gemüsefond *Für 1,5 Liter*

- 300 g Knollensellerie mit Grün
- 2 Stangen Sellerie
- ½ Fenchelknolle
- 2 Stangen Lauch
- 3 Petersilienwurzeln
- 3 Karotten
- 2 Zwiebeln, halbiert und ungeschält
- 3 Lorbeerblätter
- 1 TL schwarze Pfefferkörner
- 2 EL Meersalz
- 5 Pimentkörner
- 1 Bund glatte Petersilie
- 3 l Wasser
- 3 cl Pflanzenöl

Das Gemüse waschen, putzen und in Würfel schneiden. In einem großen Topf in Öl mit den Zwiebeln farblos dünsten. Die Gewürze und die Petersilie dazugeben und mit kaltem Wasser auffüllen. Alles einmal zum Kochen bringen, die Temperatur reduzieren und für ca. 1,5 Stunden bei kleiner Hitze leicht köcheln lassen. Das Gemüse mit einer Schaumkelle herausnehmen und den Fond durch ein mit einem Passiertuch ausgelegtes Sieb passieren.

JUS

Kalbsjus

- 3 kg Kalbsknochen
- 250 g Mirepoix *(Zwiebeln, Sellerie, Möhren, Champignons, Petersilienwurzel)*
- 60 g Tomatenmark
- 0,4 l Rotwein
- 2 l brauner Kalbsfond (siehe Seite 150)
- 1 Zweig Thymian
- 2 Lorbeerblätter
- 8 schwarze Pfefferkörner
- 2 Wacholderbeeren
- 2 Pimentkörner
- 1 Knoblauchzehe
- Pflanzenöl

Die Knochen fein zerhacken und in Pflanzenöl von allen Seiten anbraten. Das Mirepoix hinzufügen. Das Tomatenmark unterrühren und mitrösten. Nach und nach den Wein hinzugeben und mit Kalbsfond auffüllen, bis die Knochen bedeckt sind. Die restlichen Zutaten hinzufügen, aufkochen und 3 Stunden köcheln. Durch ein Tuch passieren und nochmals im Topf um die Hälfte reduzieren, bis eine kräftige Jus entsteht.

Lammjus

- 2,5 kg Lammknochen
- 250 g Mirepoix *(Zwiebeln, Sellerie, Möhren, Champignons, Petersilienwurzel)*
- 60 g Tomatenmark
- 0,4 l Rotwein
- 2 l Lammfond (siehe Seite 150)
- 1 Zweig Thymian
- 2 Zweige Rosmarin
- 2 Lorbeerblätter
- 8 schwarzer Pfefferkörner
- 2 Wacholderbeeren
- 2 Pimentkörner
- 3 Knoblauchzehen
- Pflanzenöl

Die Knochen fein zerhacken und von allen Seiten in Pflanzenöl anbraten. Das Mirepoix hinzufügen. Das Tomatenmark unterrühren und mitrösten. Nach und nach den Wein hinzugeben und mit dunklem Lammfond auffüllen, bis die Knochen bedeckt sind. Die restlichen Zutaten hinzufügen, aufkochen und 3 Stunden köcheln. Durch ein Tuch passieren und nochmals im Topf um die Hälfte reduzieren, bis eine kräftige Jus entsteht.

Wildjus

- 2,5 kg Wildknochen
- 250 g Mirepoix *(Zwiebeln, Sellerie, Möhren, Champignons, Peterrsilienwurzel)*
- 60 g Tomatenmark
- 0,4 l Rotwein
- 2 l Wildfond (siehe Seite 150)
- 1 Zweig Thymian
- 2 Zweige Rosmarin
- 2 Lorbeerblätter
- 8 schwarze Pfefferkörner
- 10 Wacholderbeeren
- 6 Pimentkörner
- 2 Gewürznelken
- 1 EL Johannisbeer-Gelee
- Pflanzenöl

Die Knochen fein zerhacken und von allen Seiten in Pflanzenöl anbraten. Das Mirepoix hinzufügen. Das Tomatenmark unterrühren und mitrösten. Nach und nach den Wein hinzugeben und mit dunklem Wildfond auffüllen, bis die Knochen bedeckt sind. Die restlichen Zutaten hinzufügen, aufkochen und 3 Stunden köcheln. Durch ein Tuch passieren und nochmals im Topf um die Hälfte reduzieren, bis eine kräftige Jus entsteht.

SUGO

Strauchtomatensugo

- 1 Stange Sellerie, *in feine Streifen geschnitten*
- ¼ Fenchelknolle, *in feine Streifen geschnitten*
- 1 Chilischote, *fein geschnitten*
- 300 g Kirschstrauchtomaten
- 2 Schalotten, *in feine Würfel geschnitten*
- 1 Knoblauchzehe, *zerdrückt*
- 10 Basilikumblätter
- 4 EL Olivenöl
- Salz und schwarzer Pfeffer aus der Mühle

Die Schalotten, den Fenchel, den Sellerie, die Chilischoten und den Knoblauch in Olivenöl anbraten. Die Tomaten dazu geben und mit Salz und Pfeffer würzen. Den Basilikum hinzugeben und das Ganze köcheln lassen, bis eine dickflüssige Konsistenz erreicht ist.

FARCEN

Geflügelfarce

- 100 g Poulardenbrust, *ohne Haut*
- 20 g Gänsestopfleber
- 100 ml Sahne
- 1 Eigelb
- 2 cl weißer Portwein
- Salz und schwarzer Peffer aus der Mühle

Das Fleisch und die Stopfleber klein schneiden und mit Salz und Pfeffer abschmecken. Die Masse separat mit der Sahne und dem Eigelb in ein Tiefkühlfach legen und leicht anfrieren lassen. Dann zusammen in einem Kutter zu einer glatten glänzenden Farce kuttern. Die Masse durch ein feines Passiersieb streichen und mit dem Portwein und Salz abschmecken.

Hummerfarce

- 100 g Hummergelenke, *abgekocht*
- 100 g Steinbuttfilet
- 150 ml Sahne
- 2 cl Sherry
- 2 Eigelb
- Salz und weißer Pfeffer aus der Mühle

70 g Hummergelenke und den Steinbutt in feine Stücke schneiden, salzen und anfrieren lassen. Im Kutter mit Sahne, Sherry und Eigelb zu einer glatten Farce kuttern. Die Farce durch ein Sieb streichen. Den restlichen Hummer klein schneiden, unterheben und die Farce mit Salz und Pfeffer abschmecken.

KRUSTEN

Orangenkruste

250 g	weiche Butter
150 g	Panko-Mehl
3	Eigelb
	Abrieb von 3 Orangen
	Saft von 1 Orange
	Abrieb von 1 Limette
1 EL	geschnittener Kerbel
1 EL	geschnittene Blattpetersilie
	Orangenpfeffer
	Salz

Die Butter in der Küchenmaschine schaumig schlagen und die restlichen Zutaten hinzugeben. Alles miteinander vermengen. Mit Salz und Orangenpfeffer abschmecken, in eine Form füllen und erkalten lassen.

Olivenkruste

250 g	weiche Butter
80 g	Panko-Mehl
3	Eigelb
1 EL	geschnittener Kerbel
1 EL	geschnittene Blattpetersilie
	etwas Knoblauchöl
	Abrieb von 1 Zitrone
100 g	schwarze Oliven, *getrocknet und klein gehackt*
	Piment d'Espelette
	Salz

Die Butter in der Küchenmaschine schaumig schlagen und die restlichen Zutaten hinzugeben. Alles miteinander vermengen. Mit Salz und Piment d'Espelette abschmecken, in eine Form füllen und erkalten lassen.

Ziegenkäse-Basilikum-Kruste

150 g	weiche Butter
100 g	weicher Ziegenkäse
3	Eigelb
	Abrieb von 2 Limetten
150 g	Panko-Mehl
4 EL	Basilikum, *geschnitten*
	Zitronenpfeffer
	Salz

Die Butter in der Küchenmaschine schaumig schlagen. Den weichen Ziegenkäse, das Eigelb, den Limettenabrieb, das Panko-Mehl und den Basilikum hinzufügen und alles miteinander vermengen. Mit Zitronenpfeffer und Salz abschmecken. Die Masse in eine Form füllen und erkalten lassen.

SORBET

Grundrezept Sorbet

500 ml	Fruchtpüree
250 ml	Läuterzucker
250 ml	Weißwein
4 cl	Wodka

Alle Zutaten miteinander vermengen, 1 Stunde im Kühlschrank ruhen lassen und dann in einer Eismaschine gefrieren.

PARFAIT

Grundrezept Parfait

16	Eigelb
200 g	Zucker
4 cl	Alkohol *(Grand Marnier, Amaretto, Kaffeelikör u. a.)*
	Aroma *(Beeren, Frucht u. a.)*
1 l	Sahne, *geschlagen*

Das Eigelb, den Alkohol und den Zucker im Wasserbad zur Rose schlagen. Im Eiswasser kalt schlagen. Aromen und geschlagene Sahne unterheben. Die Masse abfüllen und gefrieren lassen.

Glossar

A

Abbinden: eine Speise mit Stärke, Mehl, Ei oder Gelatine sämig machen

Abglänzen: mit einer Glasur bedecken, glänzend machen

Abschäumen: Fonds mit Hilfe einer Schaumkelle von Trübstoffen befreien

Abschrecken: ein heißes Produkt in Eiswasser schnell herunterkühlen, um den Garprozess zu unterbrechen

Anschwitzen: kurzes Garen von Gemüse in wenig Fett bei geringer Hitze

Aufschlagen: eine Masse mit Hilfe eines Schneebesens unter Einfluss von Wärme schaumig schlagen oder rühren

Ausbacken: in reichlich heißem Fett gold-braun backen

B

Bestäuben: Formen oder Speisen leicht mit Mehl aus- bzw. bestäuben

Binden: mit einem Bratfaden z.B. Fleisch oder Fisch in eine gewünschte Form bringen

Blanchieren: kurzzeitiges Garen von Lebensmitteln in siedendem Wasser oder heißem Wasserdampf

Brunoise: fein gewürfeltes Gemüse

C

Consommé: besonders kräftige klare Brühe

Coulis: Früchte mit Zucker oder reduzierte Gemüsesaucen von der Konsistenz eines Pürees

D

Dressieren: mit Spritzbeutel und Tülle eine Masse aufspritzen

Degrassieren: Fett mit Hilfe einer Kelle von einer Flüssigkeit abschöpfen

Durchstreichen: durch ein feines Sieb streichen

Dünsten: in wenig Flüssigkeit garen

E

Essenz: auf die Hälfte reduzierte Consommé

F

Farce: Füllung aus sehr fein gehacktem oder durchgedrehtem Fleisch oder Fisch, gebunden durch Ei und Sahne

Flambieren: eine Speise mit hochprozentigem Alkohol übergießen und entzünden

Frittieren: in heißem Pflanzenfett knusprig ausbacken

Fond: Extrakt, der beim Garen von Fleisch oder Fisch gewonnen wird

G

Garnieren: eine Speise hübsch anrichten und verzieren

Geklärte Butter: reines Butterfett ohne Molke, wird gewonnen, indem erhitzte Butter durch ein Tuch passiert wird

Glasieren: mit einer feinen Glasur bedecken bzw. überziehen oder in Fett und etwas Zucker schwenken

Gorgonzola-Dolce: spezielle, cremige und milde Sorte Gorgonzola

Gratinieren: ein Gericht mit starker Oberhitze überbacken, bis eine schöne braune Kruste entsteht

H

Hippenring: noch warm zum Ring geformter Streifen Hippengebäck

J

Juliennes: sehr fein geschnittene Streifen von Gemüse

Jus: konzentrierter brauner Fond oder Saft

K

Karkassen: Skelette und Reststücke von Krustentieren, Geflügel oder Fischen, die zum Auskochen verwendet werden

Klären: mit Hilfe einer Masse aus kleingehacktem Fleisch oder Fisch mit Eiweiß sämtliche Trübbestandteile aus einem Fond binden und entfetten

Konditorkamm: Gerät zum Verzieren der Oberfläche von Torten und Kuchen

Küchenkutter: elektrischer Zerhacker z.B. zur Herstellung von Farcen

M

Maldon Salz: geschmacksintensive Meersalzflocken aus der einzigen Salzgewinnungsanlage Englands

Manitoba-Mehl: spezielles Mehl, vom Mineralstoffgehalt der Type 550 entsprechend, jedoch mit 15-20% höherem Kleberanteil; gut für lange Teigführung mit wenig Hefe geeignet, wie sie für italienische Gebäcke wie Grissini typisch ist

Montieren: Aufschlagen von Saucen oder Suppen mit dem Schneebesen kurz vor dem Servieren

N

Nappieren: Speise mit Sauce überziehen

P

Panieren: ein Bratgut vor dem Braten zunächst in Mehl, danach in geschlagenem Ei und zum Schluss in Semmelbröseln wenden

Panko-Mehl: extragroße Weißbrot-Krümel, sehr gut zum Panieren geeignet

Parieren: Fleisch und Fischstücke von Sehnen, Fett und Haut befreien

Passieren: durch ein feines Sieb abgießen

Pochieren: in einer siedenden Flüssigkeit gar ziehen lassen

R

Reduzieren: Flüssigkeiten wie Fonds, Suppen, Saucen durch langes, stetiges Köcheln auf gewünschte Konsistenz dickflüssig kochen

Glossar

S

Salamander: spezielles Küchengerät zum Überbacken und Bräunen von Speisen (Ersatz: Backofengrill)

Sahnesiphon: fest verschließbares Druckgefäß mit Spritztülle, das mit einer speziellen Gaskartusche (meist Distickstoffoxid) bestückt wird, so dass sich eingefüllte Sahne, aber auch andere fetthaltige Flüssigkeiten aufschäumen lassen

Sautieren: schnelles, kurzes Anbraten in Fett

Schmoren: Garvorgang zwischen Braten und Kochen im geschlossenen Gefäß

Sorbeto: spezieller Stabilisator, der das Wasser im Sorbet bindet

T

Temperieren: von einer niedrigen Temperatur langsam auf ca. 32° C erwärmen

Thermo-Mixer: multifunktionelles Küchengerät, das Zerkleinern, Rühren, Wiegen und Garen kombiniert

W

Wässern: helles, noch blutiges Fleisch, wie z.B. Bries, in Wasser legen, um das Blut herauszuwaschen

Wasserbad: mit Wasser gefüllter Behälter mit separatem Einsatz, in dem u.a. Crèmes etc. sanft erwärmt werden, ohne dabei zu kochen

Z

Zesten: mit einem Spezialschäler (Zestenreißer) dünn abgeschälte Zitrusschalenstreifen

Zur Rose abziehen: eine Crèmemasse unterrühren und bis kurz vor dem Siedepunkt erhitzen, so dass sie leicht andickt und beim Draufblasen kleine Kringel in Form einer Rose zeigt

Register nach Hauptzutaten

MIT FISCH

MIT MEERESFRÜCHTEN

Register nach Hauptzutaten

MIT FLEISCH

MIT GEFLÜGEL

AUS DEM WALD

VEGETARISCH

SÜSSES

LEIDENSCHAFT
ist immer die wichtigste Zutat

JUTTA UND CARMELO CAPUTO

Seit 2010 verheiratet führen Jutta und Carmelo Caputo die Geschäfte der beiden Gastronomien und des Gourmet-Cateringservice seit Anfang 2013 gemeinsam. „Sie ist ein Organisationstalent", sagt Caputo über seine Frau, die vor dem Wechsel in der Unternehmenskommunikation einer Bank tätig war. Heute sorgt Jutta Caputo hinter den Kulissen dafür, dass alles läuft: Sie kümmert sich um Veranstaltungen, Marketing, Personal- und Rechnungswesen und, so Caputo, „um mich". Der „Padrone" selbst ist täglich in seinen Gastronomien präsent und genießt neben dem Kontakt mit neuen und Stammgästen besonders die enge Zusammenarbeit mit seinen Küchenchefs, wenn es um die Ausarbeitung neuer Rezepte oder des monatlich wechselnden 5-Gang-Menüs der Villa geht. Alle wichtigen Geschäftsentscheidungen treffen die Caputos gemeinsam – insbesondere, was die neue Villa Medici betrifft, die im Mai 2014 eröffnet werden soll.

DANIEL WOBBE, CHEF DE CUISINE

Seine besten Rezeptideen entwickelt Daniel Wobbe dienstags morgens im ICE auf der Rückfahrt von seiner zweiten Heimat München. An den freien Tagen lebt Wobbe dort gemeinsam mit seiner Freundin Susanne, denn er hatte schon einen Job im „Acquarello" (1 Michelin-Stern) in der Tasche, als Caputo ihm den vakanten Posten als Küchenchef der Villa Medici anbot. Wobbe, damals erst 28, zögerte nicht lange – und hat diese Entscheidung noch keinen Augenblick bereut. Schon früh hat er seine Leidenschaft fürs Kochen entdeckt und stand regelmäßig in der Gastronomie seines Onkels in der Küche. Nach der Schule schlossen sich die Ausbildung im Parkhotel Schloss Hohenfeld und der Posten als Jungkoch im Landhaus Eggert (beide Münster) an. Sein Weg führte ihn weiter als Chef de Partie ins Parkhotel Bellevue, Adelboden/Schweiz, und als Sous Chef ins Rosenmeer, Mönchengladbach. Nach einer sechsmonatigen Auszeit in Neuseeland und Australien war er kurz im Caputo's tätig, bevor er die Küche der Villa übernahm.

PHILIPP KUHLMANN,
SOUS CHEF

FREDERIK HAUTOPP,
CHEF DE PARTIE

NADJA BAKAC,
CHEF DE RANG

HEIDI BEHRENS,
COMMIS DE RANG

LUCA LODDO,
AZUBI KOCH

VERA DREES,
AZUBI KÖCHIN

DAS TEAM IN KÜCHE UND SERVICE

Dauerhafter Erfolg braucht engagierte Menschen, die jeden Tag ihr Bestes geben – und die brauchen ein Arbeitsumfeld, in dem „Chemie" und Motivation stimmen. In der Villa Medici kommt beides zusammen. Das bewies sich auch bei der Produktion dieses Buchs, bei der alle Beteiligten mit Leidenschaft dabei waren.

† MARKUS POTRAFKA,
CHEF DE CUISINE BIS 2011

DESSERTTELLER *„Villa Medici“*

IMPRESSUM

ISBN: 978-3-943557-17-6
www.muenstermitte-medienverlag.de
Druck: Druckerei Buschmann GmbH & Co KG, Münster

Creative Direction, Text und Gestaltung: Philip Haarmann, Yvonne Purucker
Food-Fotografie, Zwischentitel und Autorenporträts: Andreas Löchte
Weitere Fotos: Joachim Busch (S. 21, S. 156 und S. 157), Privatbestand
Rezepte: Carmelo Caputo, Daniel Wobbe
Präsentation: Jutta Caputo und das Küchenteam der Villa Medici

DANKE:

Erich Kleine Büning e.K., Dülmen
Krikke Fisch, Rieste
Obstgarten Draba, Münster

San Pellegrino ACQUA PANNA THE FINE DINING WATERS S.PELLEGRINO

Villeroy & Boch Villeroy & Boch 1748

WEIL'S SEIN MUSS:

Alle Rezepte und Ratschläge in diesem Buch sind mit Sorgfalt ausgewählt und geprüft. Eine Haftung der Autoren, des Verlags und seiner Beauftragten für Personen-, Sach- und Vermögensschäden ist ausgeschlossen.